# ケース別でよくわかる！
# アドラー心理学に学ぶ
# 「勇気づけ」実践ガイド

佐藤 丈 著

明治図書

JN043595

# はじめに

　アドラー心理学では教育の目的を次のように考えます。それは「共同体感覚の育成」です。共同体感覚とは何かについては後で詳しく述べますが，簡単にいってしまえば「つながり感覚」であり，人は一人では生きていけない，だから周囲のもの（人，自然，宇宙）とつながって生きていこう，という感覚です。

　この「共同体感覚の育成」は，拙著『勇気づけの教室をつくる！　アドラー心理学入門』でも述べましたが，日本の教育基本法第1条の教育の目的と合致します。「人格の完成を目指す」と「平和で民主的な国家及び社会の形成者を育成する」という部分です。

　このように見てみると，他の心理学のように人の心を分析したり科学的に説明したりするというよりも，人はどうあるべきなのか，どう生きることが幸福なのかということを追求した学問であり，心理学というよりも哲学的であるともいわれています。しかし，どうあるべきといいっぱなしではなく，そうなるにはどうしたらよいのかをあくまでも具体的に示すことも忘れてはいません。その代表的なものが「勇気づけ」であり，そのことをアドラーはあえて「人間知」と呼びました。

　このアドラーが示した「人間知」は非常にありふれた，当たり前の常識的なことが少なくありません。それは，常識とは人間が長い歴史をかけて生み出した解だからでしょう。個性的であろうとした若い頃の私は「常識的」であることにつまらなさを感じていましたが，今，50歳を過ぎた私はその解を受け入れられるようになってきました。

　そして，学校という場は，その解を受け継ぐ機関だと考えています。もちろん，その解を「絶対」のものと考えるのではなく，その解に照らして，どう個性的であるのか，また，個性にとってその解はどうなのかをいつも問い続ける必要があります。

アドラー心理学を学級づくりに生かすと，次のようなよいことが起こります。

①子どもたちの学習意欲が向上します
②子どもたちが協力的になります
③子どもたちが主体的に問題を解決しようとするようになります
④子どもたちを常にコントロールしなければならないという考えから解放されます
⑤子ども，保護者，同僚との関係がよくなります

　これらのことのうち，一つでも実現したいとお考えの方であれば本書はきっとお役に立てると思います。本書は，というよりも，アドラー心理学は，といった方がよいでしょう。

　しかし，アドラー心理学の活用は，そのハウツーだけで，あるいはその思想だけで突っ走ると痛い目にあうことも忘れてはなりません。

①内発的な動機づけだけに価値を置くあまり，子どもは，楽しいこと，楽なことのみを追い求める
②自分の欲求のみに関心が向き，自己中心的になる
③主体的であることのみに価値を置き，他者からの指示や依頼に耳を貸さない
④アドラー心理学の思想を使って，できていない他者（子ども，保護者，同僚）を批判，非難し，関係が悪くなる

　アドラー心理学の考え方を知ると，目からうろこが落ちたような感覚になり，これですべての問題が解決するかのような錯覚に陥ることがあります。また，アドラー心理学に基づいた様々なワークやクラス会議なども，大変魅力的であり，一度体験すればすぐに教室でやってみたくなるものです。しか

し，理論と実践は車の両輪であり，どちらも地道に身につけていくことが必要です。実践しつつ振り返りつつ，試行錯誤しながら自分のものにしていくことが大切です。

　今，私は特別支援学級の担任をしています。その学級の子どもたちが，用意された材料を使って，ピザ生地の素が入った袋の説明書きを読みながら，自分たちの力だけで協力してピザを焼き上げました。100mL の水と15mL のオリーブオイルを計量カップと大さじでちゃんとはかっている姿に感動しました。一人ひとり順番に生地をこね，材料を刻み，トッピングして焼きました。少し不格好でも表面はパリッとして，よい香りのピザができあがりました。

　知的に，情緒的に，障害があっても人間知さえ備わっていれば「生きる力」は彼らのものとなります。はじめから内発的に動機づけられることをねらうのは無謀ですが，教え，勇気づけ，励ますことで，次第に教え合い，勇気づけ合い，励まし合い，協力して物事をなしとげる集団ができあがっていくのです。器官劣等性を補償し優越を目指すたくましさを特別支援学級在籍の彼らの中にこそ見るのです。

　もう一人の特別支援学級の担任がおいしそうにピザをほおばりながら，「僕たち，なんにもしませんでしたよね！　本当に自分たちでやりましたね！　できないって決めてるのは僕たちの方なんですね！」と興奮して話してくれました。彼は私のかつての教え子。しかも，一番手を焼き，苦渋の１年を過ごした，あのクラスの子。共に働ける幸せは，教師冥利の一言につきます。

　アドラー心理学を学ぶということは，自分の共同体感覚も育つということです。相手の目で見，相手の耳で聞き，相手の心で感じる（アドラーの共感の定義）ことができるようになったとき，教師としてのやりがいと，人間としての生きがいが，以前よりももっと大きく育っていることに気づくはずです。具体的なケースを通して学んでいきましょう。

# も く じ

はじめに

# 1章　アドラー心理学を学級づくりに生かす

# 2章　アドラー心理学の考え方

# 3章 場面別でよくわかる 学級づくりの「勇気づけ」実践講座

おわりに

# 1章

## アドラー心理学を学級づくりに生かす

# 1 アドラーの人物像と教育観

## アルフレッド・アドラー

### ❶アドラーの人生

　アドラー心理学の創始者であるアルフレッド・アドラーは，1870年，ウィーンの郊外で，6人きょうだいの第2子として比較的裕福な家庭に生まれました。母親よりも父親との関係がよく，このことから，男子は必ずしも母親にひかれるわけではないとの考えをもつようになり，共同研究者であったフロイトとの考え方の違いが決定的になったといわれています。

　アドラーは，幼少期よりクル病を患い，弟をジフテリアで亡くしたこともあり，病を克服することを目指すようになります。医師を志し，ウィーン大学の医学部を卒業します。眼科医としてスタートし，やがて内科医となり，そして，フロイトの誘いがあり，ウィーン精神分析協会の一員となります。一時は会長まで務めますが，先に述べたように，フロイトとは考え方が違うことから，脱会し，個人心理学会を創立します。

　第一次世界大戦では軍医として参戦しています。ここでアドラーは，大変な精神的苦痛を味わうことになりました。戦後，荒れ果てたウィーンで，アドラーは育児と教育に力を入れるようになります。個人や社会の変革には，社会運動よりも教育や育児が重要であると考えたからです。そこでまず，ウィーンに児童相談所をいくつも設立し，親や子どもにカウンセリングを行ったり，教師の相談に乗ったりしました。また，ウィーン市の教育研究所でも講演を行っています。このようにアドラーは，教育相談の父と呼ぶにふさわしい偉業を残しました。

後述しますが，アドラーの著述から伝わってくる当時のウィーンの様子は，現代の日本の様子とかなり通じるものがあり，子育てや教育をめぐる問題も似ています。そして，アドラーのその当時の指摘は，そのまま，現代の日本の教育に生かせる，まさに先見性のある示唆に富んだものであり，およそ100年前の知見とは思えないほど，大変驚かされるものです。

　そして，そのような優れた知見（人間知）の対象は，特別な「患者」に限らず，むしろ普通の人々でした。例えば甘やかされて育てられた子どものきょうだい葛藤や過度の学習意欲（いわゆるガリ勉），無気力，孤立，不登校など，私たちも日常的に見聞きし，ときには当事者として頭を悩ませる問題が対象でした。アドラーは第一次世界大戦をきっかけに，アメリカに渡ります。そこで，英語による本の出版や講演などを精力的に行いました。これらの講演も，一般の人を対象としていて，アドラーは専門家と交わることよりも，一般の人々と語ることを好んだそうです。そしてアドラーは，死の直前まで，講演旅行に明け暮れました。それほどまでに人々と交わることが好きだったのでしょう。

　アドラーにはルドルフ・ドライカースという後継者がいます。ドライカースは，アドラー心理学をより教育や子育てに生かしやすくするため，その理論を体系的にまとめました。勇気づけや勇気くじき，不適切な行動の四つの目標（目的）など，今，学校や家庭ですぐに生かせるノウハウや考え方があるので，本書でも取り上げて説明していきます。内容が煩雑にならないように，特に必要のある場合以外は，アドラーは，とか，ドライカースは，と断らずに，アドラー心理学では，と説明していきますが，より詳しくお知りになりたい方は，アドラー心理学に関する本や，講座，学会などで学びを深めていってください。

## ❷アドラー心理学は個人心理学

　さて，アドラーが創始した心理学を日本では，「アドラー心理学」と呼んでいますが，世界的にみると individual psychology つまり個人心理学と呼

ぶことが普通です。「個人」というと，個人主義を連想し，アドラーの目指していたものと正反対になってしまうことから，アドラー心理学と呼ぶようになりましたが，ここでいう個人とは「これ以上分割することができない」という意味であり，自分勝手な個人主義，エゴイズムとは異なります。人間の心や体を分析的にとらえようとしていた，当時の科学，特にフロイトの精神分析の考え方に対し，意識と無意識は対立するのではなく協働する，などと個人を全体としてとらえる考え方（全体論）を起源として「個人心理学」と呼ぶようになったのです。この本でもアドラーのこの考え方に基づいて「個人心理学」と呼びたいところですが，すでに誰もが知るところとなった「アドラー心理学」という慣れ親しんだ呼び方を用いることにします。

## 民主的な教育観

### ❶アドラーの教育観

　右の写真を見て，どのような感じを受けますか。これはアドラーが講演の合間にけがをした少女に包帯を巻いているところだそうです。私は，子どもに対してであっても決して上から見下さない，対等な目線で関わる人となりをこの写真から感じますがいかがでしょう。

　日本の教育基本法第1条には「平和で民主的な国家及び社会の形成者として必要な資質を備えた国民の育成」という，教育の目的が示されています。民主的であることは，日本のみならず，世界のほとんどの国で求められており，これに異論を唱える人はまずいないでしょう。ましてや教師である私たちはこれを最も大事にしなければなりません。

　民主的とは，物事の決定権はみんなにあり，みんなで話し合って物事を決

める，という民主主義が守られている状態であると理解してよいでしょう。

　アドラー心理学でも，この「民主的であること」を大切にします。例えば心理カウンセラーは「あなたは○○の状態だから，○○のようにしなさい」と解釈や診断とその対処法を指示するタイプと「あなたは○○と思うのですね，ふんふん」と聴く一方のタイプの二つに分かれるように思います。

　アドラー心理学に基づくカウンセラーは，このどちらでもありません。クライアント自身がどうなりたいのか，目標について話し合い，その目標の実現のためにどうしたらよいのか，一緒に考えます。ときにはクライアントが行っている方法を尊重しつつ「例えば○○という方法もあるけれど，試してみませんか？」と提案することもあります。何よりも対話を大切にし，対話こそ問題解決につながると考えます。

　そして，二人の間にカウンセラーとクライアントという立場の違いはあっても，上下の関係はありません，伴走者のように一緒に解決策を考えるわけです。

　ここで大事にしていることは，決定権はクライアントにあるということです。そこにはカウンセラーのクライアントに対する尊敬の念と信頼がありま

す。クライアント側から見ても同じで，二人は相互尊敬・相互信頼の関係にあるといえます。

　このことは家庭や学校においても同じです。家庭では親として，学校では教師としての，責任や役割はあります。しかし，家族間，職員間，そして子どもとの関係において，民主的な関係とは何かを考えていかなければなりません。それは，先にあげた，相互尊敬・相互信頼の関係こそ，共同体感覚を育み，人を建設的な方向へ勇気づけるとアドラー心理学では考えられているからです。


## ❷アドラー心理学と日本が目指す教育

　さて，学校ではどうでしょう。新しい学習指導要領では「主体的・対話的で深い学び」が求められ，一方的に教師が子どもに「教える」スタイルから，子どもがアクティブに自ら考え対話するスタイルへの転換が強く求められています。

　このことは，教師が上，子どもが下であり，教師のいうことをそのまま鵜呑みにすることをよしとしてきた過去の学校から，教師と子どもが対等であり，子どもの学ぶ力を信頼していこうという現代の学校への転換ともいえます。こうしてみると，日本が目指す教育のスタイルは，まさにアドラー心理学が目指してきた生き方のスタイルと一致しているといえるのです。


## ❸教育観の転換

　もう私は50代も半ばになろうとしていますが，新規採用者の頃はよく「うちの子どもが何か悪いことをしたら，先生遠慮なくたたいてやってください」と言われました。もちろん私はたたいたことはありませんが，その当時は，殴れる教師の方が保護者からの受けがよかったように感じています。

　30年間で教育は大きく前進しました。少なくとも，子どもの頭や顔をたたく，殴るなどということはほぼ根絶したといってよいのではないでしょうか。

　もしもそのようなことがあったら「体罰」として，法律で罰せられます。

「昔はよかった」と過去の学校がさもよかったように語るベテラン教師は少なくありませんし，私もつい口をついてしまっているのかもしれませんが，少なくとも，体罰の件だけでも大変な前進であると思っています。

　私自身が小学生時代に教師から受けた体罰は，どう逆立ちしても「愛」の鞭ではありませんでした。そう感じるように訓練された子どもはいたかもしれませんが，私を含め，多くの友人たちがそれに傷つき，教師不信，学校不信になっていたのではないでしょうか。たぶん，私の学校だけではなかったでしょう。

　民主的な教育観に立つには，自分にも，子どもにも，厳しさが必要です。子どもを賞と罰でコントロールしてしまえば，行動の改善が容易であることがあります。

　しかし，そればかりになってしまうと，子どもはコントロールされることに慣れ，依存的になります。「だって，先生が言ってたもん」と，いつもいいわけをする子どもは，自ら考え行動し，自分を，周囲を，社会を，よりよくしていこうと考えるようにはならないでしょう。私たちは，今もなおつきない課題の解決を担う次の世代を育てているのです。誰が担うのか。目の前の子どもたちです。

# 2 アドラー心理学の考え方

## 原因論と目的論

　ズバリ，アドラー心理学は原因論ではなく，目的論で物事を考えます。では，原因論，目的論とはいったい何でしょう？　また，それぞれのメリットとデメリットを考え，なぜ，アドラー心理学では目的論の立場に立つのかを説明します。そして，目的論に立って，学校の問題をとらえ，問題の解決はどのようにしていったらよいかについて一緒に考えていきましょう。

　まずは，原因論，つまり，過去の原因探しをするとはどういうことなのかについて考えます。私たちは，原因と結果という対立軸で考える傾向があります。例えば，授業中に座っていられず立ち歩くのは何が原因なのかを考え，原因を取り除こうとする考え方です。この場合は，集中を持続させない原因が何かあるだろうから，それを取り除こうと考えます。よく，教室の前方には刺激になるようなものをできるだけ置かない，壁にも貼らない，という対策がとられますが，典型的な原因論です。原因となるものは取り除く。

　この方法がいけないというわけではありません。しかし，アドラー心理学に基づく目的論に立つと，問題に対する考え方の幅が広がり，解決方法も多様になってきます。ですから，原因論でいきづまった事例などでは，目的論に切り替えて考えてみると目の前がぱっと開けるようで，問題解決に向けて勇気づけられるようなことがあります。

### ❶立ち歩きへの対応

　例えば，ある子ども（A君）の立ち歩きの目的を考えます。A君の目的は，

立ち歩くことによって，A君が何を得ているかから考えていきます。そうすると，担任の先生をイライラさせ，他の友達をだしぬいて，自分だけが注目・関心を独占することに成功していることに気づきます。つまり，A君の目的は教師の注目・関心をひとりじめすることなのです。

そのように考えると，A君にどのように関わっていったらよいのかがわかってきます。まず，不適切な行動，授業中の立ち歩き，授業を妨害するという行動に注目しない，また，適切な行動に注目していく，という関わり方が考えられます。

また，『クラス会議で子どもが変わる　アドラー心理学でポジティブ学級づくり』（コスモス・ライブラリー）で示されている，「相手の帆から風を奪う」という面白いたとえだとわかりやすいかもしれません。

A君を叱ったり，追いかけまわしたりするのは，A君の帆に風を与えているようなもの，ですから叱ったり追いかけたりという風を与えることをやめます。例えば，いわゆる「合法的な立ち歩き」として，クラスのみんなにプリントを配ってもらう，職員室に何かをとりに行ってもらうなど，不適切な行動をするのではなく，適切な行動で注目され，感謝される仕組みをつくってしまうわけです。このことにより，A君は適切な行動をすることで，適切な注目・関心が得られるのだという，より建設的な考え方をするようになっていきます。そして，注目・関心を得ることが目的であったのが，感謝されることにより，クラスに貢献すること自体がA君の目的に変化していきます。

ここで「目的」という言葉を整理してみたいと思います。実はドライカースの著書『Children : The Challenge』（邦題：勇気づけて躾ける）では，目的（purpose）と目標（goal）を分けて記述しています。目的という，より上位のものを達成するために，目標を設定するという考え方です。

人は一人では生きていけない社会的な生き物であることに異論を唱える人はいないと思います。これは，大人に比べて弱者である子どもにとってはなおさらです。なので，子どもの，誰かとつながり何らかの集団に所属しようとする欲求は非常に強いものとなります。

所属はマズローの欲求の階層説では３番目の欲求となっていますが，ときには生理的欲求や，安全の欲求以上に人間という存在にとって必要不可欠なものとなります。人は，所属に失敗

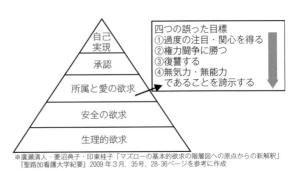

※廣瀬清人・菱沼典子・印東桂子「マズローの基本的欲求の階層図への原点からの新解釈」
『聖路加看護大学紀要』2009 年３月，35号，28-36ページを参考に作成

すると，自ら命を絶つことさえあります。子どもがいじめをする場合，「無視」がよく使われる手段であるのはそういうことが背景にあるからかもしれません。

　すると，子どもは無視される（所属できない）状態から，なんとしてでも，誰かとつながろうとします。ですから，人間は所属する，共同体の一員であることを目的に様々な目標を立てるわけです。例えば，人々に貢献する，という目標を立て，それを達成することで，所属という目的を果たすという方法。また，教師との権力闘争に勝つという目標を設定し，いつも教師に自分のことを気にかけさせたり，悩ませたりすることで所属の目的を果たそうとすることも考えられます。ドライカースは，子どもが適切な方法で共同体に所属できないとあきらめた場合，不適切な方法を使ってでも，共同体に所属しようとするといいます。共同体に所属するために四つの誤った目標（ゴール）を設定します。具体的にみていきましょう。

①過度の注目・関心を得る

　誤った目標には４段階あり，その最初の段階が「過度の注目・関心を得る」です。過度の注目・関心を得ることで所属の欲求を満たそうとするわけです。ところで，所属する共同体の最も小さな単位は母子です。生まれたばかりの赤ちゃんは，母親がいないと死んでしまいますから，その共同体に所属することは生きていく上での絶対条件です。ですから，注目・関心を常に自分のものにしておこうと必死です。注目・関心が，４段階の最初の段階に

あるとはいえ，軽視することは禁物です。適切な注目・関心が得られなければ，不適切な行動を繰り返すことになります。前にあげた，立ち歩きの例などがこの段階になります。

　この段階にある場合，教師はその子どもに対してイライラさせられます。

## ②権力闘争に勝つ

　注目・関心を得ることができなかった場合，子どもは次の段階に進みます。それは，「権力闘争に勝つ」です。教師の指示に従わない。教室のものを壊す。教師の間違いをあからさまに指摘する。このような行動をすることで，教師を自分と闘わせ，関わらせます。教師は怒りを感じ，カーッとなって，怒鳴ったり，罰を与えたりします。教師は負けました。なぜなら，子どもの目標は自分に本気で関わらせることなのですから。

## ③復讐する

　教師がかっている子ども，いわゆる教師にとってのよい子がこっそりといやがらせを受けることがあります。靴に画びょうが入っていたり，その子どもの名前を書いたいたずら書きが見つかったり，ものが隠されたり……。教師がいやーな感じを味わったら，目標は次の段階，「復讐する」に進んでしまっています。親子の場合は，親が最も傷つくような方法をとります。万引きをしたり，自傷をしたり，他害行為をしたり。一見すると自分が損をするような行動をすることも，結局は教師や親を傷つけることで（逆説的ですが）所属の欲求を満たそうとしているのです。警察に行き，頭を下げ必死に謝る親の姿から，そのような感覚を得ているのです。

## ④無気力・無能力であることを誇示する

　それでもなお，所属することができなかったとき，「無気力・無能力であることを誇示する」段階に進みます。親や教師は「あの子はもうだめだ」とあきらめてしまいます。他者と関わることをやめてしまったり，ひどい自傷

行為をしたりすることもあります。

　以上が誤った目標です。各段階の対処法についてはまた後で述べたいと思います。

## 勇気づけの心理学

### ❶「ほめるな」と言われても

　アドラー心理学は「勇気づけの心理学」とも呼ばれるほど「勇気づけ」はアドラー心理学にとって重要な概念です。また，どこかでアドラー心理学についての講演などを聞いた方の中には「ほめてはいけない。勇気づけをしなさい」という話があり，「おや？」と思った方もいるかもしれません。

　「子育てではほめることが大事」「三叱って七ほめよ」などとほめることが大切だといわれていますから「ほめるな」というとちょっと敬遠されてしまうかもしれません。しかし，ほめているつもりが，子どものやる気（勇気）をくじいたり，ほめられない自分はだめだと，他者からの評価に依存し，かえって自己肯定感を低下させてしまったりすることが少なくないのです。ですから，いったん「ほめねばならない」「ほめればよい」という思い込みを捨てて，ほめること，叱ることについて根本から考え直す意味で，アドラー心理学の講師は「ほめるな」と言うのです。

　あなたは上司にあたる人，例えば校長先生をほめることができますか。「校長先生えらいですね！」などとは言えません。つまり，ほめるというのは，立場が上の人から下の人に対して，ほうびのように与えられる場合があります。民主的な教育観に立つアドラー心理学では，対等性を大切にしますので，ほめる，ということについても，慎重になるわけです。

　ここでは，アドラー心理学は，勇気づけの心理学なのだ，と理解しておいてもらえれば十分です。2章で詳しく勇気づけについて書きたいと思いますので，そこでじっくり考えていきましょう。

# 共同体感覚の育成

## ❶共同体感覚と教育の目的

　共同体感覚は誰もが生まれながらにもっているものですが，それは，そのままでは種子のようなもので，水と太陽，すなわち勇気づけがなければ，大きく育つことはありません。

　共同体感覚はつながり感覚，ひと，もの，こと，がすべてつながっており，つながりの中に私がいるという感覚です。知的に理解するとともに，体感的に，つながりの中に私はあるのだ，と感じることができれば，共同体感覚に満ちている状態といえるでしょう。この共同体感覚が育ち，大木となったとき，その人は「所属感」「貢献感」「信頼感」「自己受容」で満たされます。その状態を幸福と呼び，これは我が国の教育基本法，教育の目的「人格の完成」にぴったりと重なると私は考えています。共同体感覚はこの「所属感」「貢献感」「信頼感」「自己受容」でできている，と考えると理解しやすいので，これを四つのパズルのピースに例えて考えていきたいと思います。

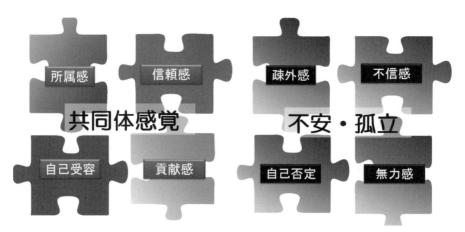

※髙坂康雅「共同体感覚尺度の作成」『教育心理学研究』2011年59巻1号，88-99ページを参考に作成

## ❷人格の完成

ところで，読者のみなさんの中に「私の人格はすでに完成している」と思われている方はいますか？　たぶん，一人もいないのではないかと思います。人格は，完成しないまま，不完全なまま，一生を過ごすのだと思います。もしも，完成することがあるとしたら，それは死ぬときではないでしょうか。自分の死を受け入れるということは，自然なことですから，このとき，はじめて人格は完成するのでしょう。教育の目的「人格の完成」は，生涯をかけて，人と人との間で取り組む課題なのです。

## ❸共同体感覚が失われたとき

共同体感覚を構成する四つのピース「所属感」「貢献感」「信頼感」「自己受容」が裏返ったとき，人の心は「疎外感」「無力感」「不信感」「自己否定」でいっぱいになります。ひと，もの，こととのつながりを失い，孤立し，不安，そして他者や社会へのうらみが募ります。このような状態になったときでさえ，人は人とつながることをあきらめはしません。むしろ，渇望します。しかし，ときとして不適切な行動でつながろうとする場合があります。「どうせ俺は○○なのだから」と……。

2008年６月に「秋葉原無差別殺傷事件」が起こったとき，アドラー派のカウンセラー星一郎は共同体感覚と勇気づけの重要性を指摘し，「看過するならば同様の事件の発生を防ぐことはできない」と警鐘を鳴らしたコラムをインターネット上のニュースで書いています。

犯人の加藤智大は，3000回にも及ぶインターネット上の書き込みを残して犯行に及んだのだそうです。彼ほど，つながりを渇望していた，共同体感覚の大切さを身にしみて理解していた人はいなかったのかもしれません。しかし，凶悪な事件を起こしてしまった。その責任の重さははかりしれません。さらに残念なことに，共同体感覚の欠如（不十分さ）による同様の事件が，令和となった今も後を絶ちません。

## ❹インターネット上でのつながりと共同体感覚

　何らかの勇気くじきにあい，共同体感覚を失った子どもの多くは自室にひきこもり，「リアル」でのつながりをあきらめ，インターネット上でのつながりに依存することが少なくありません。ネットゲームの，SNSの向こうには仲間がいるのです。そこで「所属感」「貢献感」「信頼感」「自己受容」を得ようとするわけです。しかし，それらのつながりはその場だけで，リアルな生活を充実させる（いわゆるリア充になる）ことは，あまりありません。加えて，インターネット上でのつながりは，直接的なつながりに比べて「テキスト」のみのつながりであることが多く，相手の表情や声の調子など，言外の情報なしでのコミュニケーションは誤解を招きやすく，修正がききにくく，破綻しやすいという傾向があります。

　内閣府の調査（「子供・若者の意識に関する調査（平成28年度）」）で，家庭，学校，職場，地域の人，インターネット空間の中でのつながりの強さについて子どもや若者（以下子ども）がどのように感じているかについて調べたものがあります。そこでは，地域の人やインターネット上でのつながりが弱い，と感じている子どもが多いという結果が得られました。地域の人については，子どもが関わる行事の減少や，学校の統廃合が進み，学校を核とした地域の意識が薄れているなどの原因が考えられます。ではインターネット上でのつながりはどうなのでしょう。インターネット上でのつながりは，同じ調査で自分の居場所として感じている子どもが少なくない（約6割）という結果だったそうです。

　半数以上の子どもがそこを居場所としてとらえているにもかかわらず，そこでのつながりは弱いものだと感じているのです。また，人とつながり，ホッとできる場が多いほど，生活の充実度が高いという結果も出ています。つまり，インターネット空間での人とのつながりは，とりあえずの居場所は提供してくれるものの，人とのつながり感覚を実感することは難しいといえそうです。ですから，インターネット上だけでは，本物の共同体感覚は育ちにくいのかもしれません。

# 3 学級づくりの4段階

## 適切な行動，当たり前な行動を認める

### ❶当たり前なこと

　「なんで学校にこなければいけないの」このように聞かれたとき，何と答えますか。「今はわからなくても，将来きっと役に立つことがあるから」「勉強は子どもにとっての仕事，しっかりやりなさい」「学校でしか学べないことがあるんだよ」様々な答えが考えられます。

　どれが正しいとか間違っているとかではなく，実は学校にくること自体を当たり前なこととして片づけることはできないのだということを，まず最初に確認したいと思います。つまり，入学式の日のあの日あのときが特別であることはいうまでもありませんが，その特別な日の積み重ねが日常なのだと考えてみると，子どもたちが違って見えるのではないでしょうか。毎日毎日の決まりきったルーティンをこなしているのではなく，子どもにとっては，学校に行くということはいつも特別なことなのです。

### ❷適切な行動

　それでは「適切な行動」とは何でしょう。とかく私たち教師は子どもたちに「私たちにとって」よい行動をさせようとします。例えば「静かにしなさい」と命令する場合，もちろん本当に静かにしなければならない場合もありますが，教師自身が静かにしてほしいだけかもしれません。そうであれば，「もう少し静かにしてもらえませんか」と子どもたちに対してお願いはできても「静かにしなさい」と命令することはできません。命令すればするほど，

教師が権力で子どもたちを押さえつけよう，コントロールしようとしていることが子どもたちに伝わります。そうすると，その権力を自分のものにしようと「権力闘争」を仕掛けてくる子どもが必ず現れます。

では，「適切な行動」とはどのような行動なのでしょう。それは，教師にとっても，子どもたちにとっても，また，クラスや学校，地域や家庭をも含めて，共同体にとって適切である行動なわけです。

そして適切な行動をすることによって，子どもたちは共同体感覚の要素である「所属感」「貢献感」「信頼感」「自己受容」を感じられているはずです。逆に，不適切な行動では注目・関心が得られたり権力闘争に勝ったりして，一時的な所属感は高まるかもしれませんが，むしろ「疎外感」「無力感」「不信感」「自己否定」が増すはずです。そして，それらが増しているときまって「どうせ俺（私）なんか」という言葉が聞かれるようになります。

### ❸適切な行動，当たり前な行動を認める＝勇気づけ

給食をきれいに食べきった子どもに，「きれいに食べきったね。おいしかった？」，筆箱の鉛筆がきちんとそろっていて芯が削ってある子どもに「鉛筆がきれいにそろっていてやる気が出ちゃうね」，掃除の時間に，ゆっくりゆっくり机を運んでいる子どもに「疲れているのに，頑張ってるなぁ。ありがとう」，朝笑顔で挨拶をしてくれた子どもに，同じように笑顔で挨拶をし，うつむいて登校してくる子どもには「○○さん，おはよう」とそっと声をかける，などなど，学校の中には勇気づけのポイントがあふれています。

最後のうつむいて登校してくる子どもについては，おや？と思う方もいるかもしれませんが，あまり楽しい気分ではないにもかかわらず，ちゃんと学校にきているということを認めるわけです。また，あまりよい調子ではないぞという表現を共感的に受け止めるので，大声で元気よく挨拶するのではなく，そっと声をかける程度にとどめるわけです。

このような，個に対する教師の関わりは，その子どもだけではなく，他の子どもたちにも波及していきます。なぜなら，そうされると「所属感」「貢

献感」「信頼感」「自己受容」が感じられ，うれしいからです。自分もやって
みたくなるわけです。しかし，いつまでも子どもたちに，そのような勇気づ
け合う姿がみられないとなると，教師の勇気づけが，勇気づけではなく，ご
ほうびとして働いていると考えられます。他でも何度もふれますが，子ども
同士の競争に火をつけていないか，特別によい結果を出したときや，特別な
貢献をしたときにだけほめてはいないか，振り返ってみるとよいでしょう。

### ❹子どもにとっては「特別なとき」

　子どもの頃は，月日，時間の進み方がゆっくりです。それは，単に生きて
きた時間が短い，つまり分母が小さいから，という理由だけではなく，一つ
ひとつの出来事が特別なことであるからです。友達とけんかしたことだって
ものすごく重大なことだし，消しゴムを友達に拾ってもらったことだって，
実はすごいことなのです。私たち大人も，子どもから学ぶことがありそうで
す。

## 子どもと対等な横の関係をつくる

### ❶上下の縦の関係と対等な横の関係

　教育の目的は「平和で民主的な国家及び社会の形成者として必要な資質を
備えた国民の育成」でした。そして，アドラー心理学でも「共同体感覚」を
育成することが目標となっており，このことは，教育の目的とも一致すると
述べてきました。

　それでは「平和で民主的な国家及び社会の形成者を育成」したり，「共同
体感覚を育成」したりするためには，上下の縦の関係と対等な横の関係，ど
ちらが有効であると思いますか。さらに，対等な横の関係と間違えやすい
「なれあいの関係」ではどうでしょう。順を追って考えていきたいと思いま
す。

## ❷上下の縦の関係

　かつての日本の教育は，ほとんどが上下の縦の関係で成り立っていました。教師や学校の権威は保障されており，学校には行くもの，学校の先生のいうことはきくもの，と相場は決まっていました。

　ですから，教師は権威ある存在としての体面を保持することについてはかなり気をつかわなければならなかったのかもしれませんが，子どもたちは「先生」を尊敬する対象とし，教えてもらい，それにならうよう，努力していました。そして，それが上手にできるものが優秀であり，できないものは劣等であるとされてきたと思います。さらに，その結果として暗黙の社会的な地位の上下の差が生まれました。

## ❸権威が崩れるとき

　大学・高校紛争から始まり，小学校低学年に至るまで，順に教育の現場は荒れてきました。それに応じて，教師は「権威」を手放していかざるを得ませんでした。かつて権威の名のもとに当たり前に行われてきた体罰も，今では一切許されない社会ができあがりました。

　しかし，その過程では「学級崩壊」と呼ばれたように，学級が学級としての機能を果たさず，教師は「ドアマット」のように子どもたちに踏みつけられてしまったこともありました。権威が崩れたとき，そこによって立つ基準も目標も見失ってしまったのです。子どもたちとの関係をよくしようと，何でも子どもたちに任せ，まるで友達のような関係を築こうとした「なれあいの関係」も少なくありませんでした。

## ❹対等な横の関係

　「対等」という言葉を聞いて，抵抗感をもつ教師は今でもいるのではないでしょうか。それは，「教師と子どもが対等であっては集団をコントロールすることができない」と考えるからでしょう。しかし，子どもたちやその保護者は，教師を上として考えなくなりました。教師一人が「権威的」であろ

うとしても，裸の王様と揶揄されるのがおちです。

　逆に，教師や学校を，子どもにサービスすべきものとしてとらえ，過剰なサービスを要求してくるケースすら少なくありません。子どもたちも「勉強頑張ったらお楽しみ会してくれる？」と努力に対するサービスを求めることがあります。

　では，どうしたら，対等な横の関係を築くことができるでしょうか。それを可能にするために必要なキーワードは「目標の一致」です。私が再三，我が国の教育の目的にふれるのは，このことがあるからなのです。

　もちろん，はるか高みにある目的を声高に叫んでも，現場の教師も子どもも何のことやらピンときません。しかし，そこからブレイクダウンしてきた，小さく身近な目標を，教師と子ども，保護者，地域，すべてで共有することによって，対等な横の関係を築くことができるのです。

　目標の具体的なものが，学校教育目標や学級目標，そして個々の目標，ということになります。学級目標を，学級開きの際，子どもたちと一緒につくることは，対等な横の関係を築く第一歩といってよいでしょう。

## 競争よりも協力を大切にする

### ❶競争する生き物

　私たちは生まれながらにして，競争するようにできているようです。生まれたばかりの赤ちゃんは，何も自分ではできない自分を劣等な存在と感じ，優越性を求めます。そのための無意識的な努力はすさまじいもので，みるみる様々なことができるようになり，5歳にもなれば大人とほぼ同じようなことが大体できるようになります。

　親の注目・関心をめぐってのきょうだいの競争について，アドラーはその人のライフスタイル（性格）を決定する重要な要素であるととらえていました。つまり，人間は競争する生き物です。しかし，競争することしかできなかったら，今のような繁栄はなかったでしょう。人間は「協力する生き物」

でもあったから，今の地位があるのです。

## ❷競争は絶対にいけないか

　まず確認しておかなければなりません。「競争よりも協力を大切にする」
といっても，競争をすべて否定するのではなく，例えば体育の時間や運動会
等，「競争」がその学びにとって大切な要素である場合は，大いに競争すべ
きです。

　勝利の喜びや，負けたくやしさ，くやしさを乗り越えて頑張る力，勝つた
めにチーム一丸となって力を合わせるなど，競争から学ぶことはたくさんあ
ります。競争を通して，共同体感覚（「所属感」「貢献感」「信頼感」「自己受
容」）が育つわけです。また，漢字の50問テストで，友達に勝ちたいから，
一生懸命練習するなど，外発的動機づけとして，競争が使われる場合もあり
ます。

## ❸競争の問題点

　しかし，私たちは，本来競争するべき場面ではないところで，いつも競争
してしまいがちです。たしかに，競争には上記のような効果があるのですが，
スポーツやゲームのように最終的には「勝敗」が目的であり，厳密なルール
に守られた場でないと，競争は人間関係を壊したり，共同体感覚を損なった
りする危険性があります。

　例えば「誰が一番早く静かになれるか」「誰が一番はじめに並べるか」「逆
上がりを最初にできるのは誰か」「絵が一番うまいのは誰か」「姿勢が一番よ
いのは誰か」「朝の支度が一番早いのは誰か」「○○さんすごい！　掃除チャ
ンピオン！」などなど，何気なく子どもたちに繰り返し投げかけるこのよう
な言葉が，学級を競争的にしていきます。

　競争の場での関心ごとは「自分が勝つか負けるか」です。したがって，関
心はもっぱら自分自身に向けられるわけです。子どもたち一人ひとりの関心
が主に（自分を含めた）仲間に向いているのか，自分自身に向いているのか，

その違いがどう学級経営に影響するかは火を見るよりも明らかです。

　競争や勝ち負けに対して，非常にこだわりの強い子どもがいます。例えばドッジボールであてられたり，負けたりしたことですねてグラウンドの隅にうずくまり，いつまでも動かない子どもがいます。こういった傾向は，学級が競争的であればあるほど，強化されていきます。

　外発的動機づけとして競争が使われた場合はどうでしょう。外発的動機づけの特徴として，繰り返されることによって効果が薄れるというものがあります。何度も繰り返されることによって，より強い「大勝利」でないと満足できなくなっていくのです。

### ❹協力的な学級をつくる

　協力が人間にとってなくてはならない能力であることについてふれました。学級では「協力を生み出すような関わり」を心がけるとよいでしょう。「ちょっとそちらを持ってもらえますか？」「ここ，お手伝いしてもいいですか？」「クラスのみんなが力を合わせたからできたんですね」「誰か力を貸してもらえませんか？」「〇〇のことについて，詳しい人は誰かいませんか？」

　このように，日常的に繰り返されてきた競争を生む言葉かけから，協力を生む言葉かけに切り替えていくことで，学級という船の進路は大きく変わってくるはずだと思いますがいかがでしょう。

## 自律した学級をつくる

### ❶自律の段階

　自律の反対は依存です。何もできない赤ちゃんは生活のほとんどのことを世話してもらわなければなりません（食事や排せつさえ！）。多くの面で依存して生きています。しかし，成長するにしたがい，自分のことは自分でできるようになり（自立），何が正しいか考え判断し，行動できるようになっていきます。（自律）

学級も実は同じで，集団として未熟なうちは，ある程度の「世話」が必要です。しかし，学級にははじめから多くの仲間がいることから，集団の力がうまく働けば，思ったよりも早く学級は自律します。そもそも，小学校に上がる前，保育園や，幼稚園では，最上級生としてある程度の自律が求められ，それにこたえて立派にやってきた子どもたちです。ですから，「世話」といっても，やりすぎは過保護・過干渉となり，勇気をくじき，自律への道を妨げます。

## ❷自律を妨げるもの

自律的な学級，自分たちで判断して行動し，よりよい集団に育っていく学級をつくれたら，こんなにすばらしいことはありません。誰もがそれを望みながら，なかなかそうはなりません。教師が自律を妨げるようにしてしまうことが意外に多く，それが原因の一つになっています。

教師は教えたがりです。教えることが仕事と心得た教師は，子どものゆっくりな思考を待っていられず，つい先回りをして，失敗しないように教えてしまいます。教えられたとおりにやってうまくいくと，それなりにうれしいので，子どもも教師に感謝するわけです。

自分の教えたとおりに子どもがやって，うまくいけばうれしい。おまけに感謝までされれば，教師冥利につきると表現したくなることでしょう。もちろん，すべて教えてはならないというわけではありません。しかし，子どもが考えたり，子ども同士が教え合ったりすることを妨げていないか考える必要があります。

もう少し待てば，自分で考えたり，友達に尋ねたり，教えたりできるのです。教えたくなるのをぐっとこらえて待ってみると，子どもたちは教師が思った以上に力を発揮するものです。「待つ」というのも大事な勇気づけの一つです。なぜなら，子どもたちを信頼していなければ，待つことができないからです。

## ❸自律のイメージを共有する

　自律させたいと教師がいくら思っていても，子どもたちがそのイメージをもっていなければ，始まりません。また，自律を「自分たちの好きなように」と勘違いさせてしまえば，結局は教師も子どもたちも深く傷つき，無力感を味わう結果になるでしょう。しかし反対に，自律とは名ばかりで，教師の思惑を子どもたちが察知して，それに合わせて，さも自分たちが自律的に行動しているようにふるまうといったいわゆる「よいクラス」もみられます。

　これらと，本当に自律している学級との違いは，何か学級に問題が起こったときにわかります。そのときに，教師がかなり手伝わないと解決できなかったり，教師がかわりに解決してしまったりしているようでは，本当に自律している学級とはいえません。自律している学級であれば，自分たちで問題解決を試みるでしょう。また，うまくいかない場合は教師に相談にくるかもしれません。自立と自律の両方ができているからこそ，教師の意見を参考にしながら，自分たちで考えられるわけです。そして「問題を自分たちで解決できる学級」「実現したいことを，協力して達成できる学級」「自分たちだけでなく，学校全体にとってどうなのかを考えられる学級」など，自律のイメージを具体的に考えていきます。そうして，自律のイメージを共有することで，学級全体が自律に向けて動き出すことができるのです。

　小学校低学年の場合は少し難しいかもしれませんが，保育園でも，見事に問題を自分たちで解決したケースを目の当たりにしたことがあります。詳しくは後ほど事例を通して紹介します。問題が起こったときに，手や口を出さずに見守り，自分たちで解決に向かった行動を認めるようにすることで，子どもたちの自律性は向上していきます。

# 2章

## アドラー心理学の考え方

# 1 勇気づけとは何か

## 「勇気づけ」とは

　勇気づけとは「困難を克服する活力を与える」こととされています。「与える」というよりも，「活力がわくように関わる」といった方がよいと私は考えています。それは，本物の勇気は与えることのできるものではないし，主体性を大切にすることこそ，勇気づけだと考えるからです。

　ではなぜ「勇気づけ」なのでしょう。それは勇気づけの目的が，その人の共同体感覚を育てることだからです。そして，共同体感覚は幸福のバロメーターでもあります。勇気づけは，その人の共同体感覚を育てることを通して，幸福になることを応援するということになります。

### ❶「ほめ」と「勇気づけ」の違い

　「ほめ」と「勇気づけ」の決定的な違いは子どもをコントロールしようとして発せられるものか，その子どもに対する尊敬の念から発せられるものかということです。

　「ほめ」は子どもを喜ばせることで，子どもの望ましい行動を増やそうという，ほめる側の意図が隠れている場合が少なくありません。つまり，子どもを親や教師の都合のよいようにコントロールしようとしてほめるのです。

　「勇気づけ」は子どもの行動をコントロールするものではありません。あくまでも子どもの行動の主導権や決定権は子ども自身にあります。

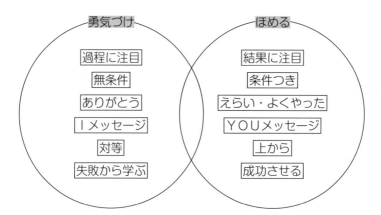

勇気づけ

過程に注目
無条件
ありがとう
Iメッセージ
対等
失敗から学ぶ

ほめる

結果に注目
条件つき
えらい・よくやった
YOUメッセージ
上から
成功させる

　この両者について，例をあげて説明します。100点をとった子どもをほめることはできても，30点をとった子どもをほめることは難しいと感じるのではないでしょうか。30点をほめたのでは，かえっていやみに聞こえたり，「なんだ，30点でもいいのか……」と思わせたりしてしまいます。30点をとった子どもにとって学習は困難な課題であるようです。それを克服するためには，ほめることよりも，勇気づけが必要です。100点，30点という結果ではなく，それに至った過程に注目し，そこから何を学ぶかを一緒に考え，困難を克服できるように勇気づけるのです。

## ❷共感

　「相手の目で見，相手の耳で聞き，相手の心で感じる」これは，アドラーの著書を読むとあちこちで繰り返し述べられているフレーズです。これこそ，アドラーの「共感」の定義だといってよいでしょう。

　勇気づけの基本は「共感」です。自分の気持ちをわかってもらえたというだけで，大きな勇気づけとなる場合があります。30点をとったその子どもになったつもりになって，気持ちを感じてみるのです。もしかしたら，席に戻って答案をくしゃくしゃに丸めてしまったかもしれません。「答案を丸めてはならない」という「べき思考」はいったん棚上げし，丸めるほどにくやしかったその子どもの気持ちを感じ取ってください。

## ❸できているところに注目する

　時間をあらためて，その子どもに声をかけます。

「今回のテスト，くやしかったみたいだね」

「うん」

「30点，どこができていた？」

「最初の計算問題」

「計算問題はできたんだ」

「うん」

「どうしてできたの？」

「だって宿題で，ドリルをしていたから」

「そうだよね，ドリル，ちゃんとやっていたもんね。計算はよくわかった？」

「はい，わかりました」

「本当はもっととりたかったよね」

「はい，60点は」

「お，60点，次はとれるといいね。どうする？」

「文章問題も，少しはできるようにする」

「それはいいね。文章問題はどうしたらできるの」

「聞かれていることに，線を引く」

「なんだ，大事なことわかっているんだね」

「はい，次は頑張ります」

「何かわからないことがあったら，何でも言ってくださいね」

　どうでしょう。この会話の中で，教師は一度も子どもをほめていません。もちろん叱ってもいません。できていることや過程に注目して，困難を乗り越えるよう勇気づけています。もちろん，このようにうまくいくことはまれでしょう。しかし「お手本」を自分のものにしておくことで，いつでも自分の指導を振り返ることができます。そして自分自身も勇気づけていくのです。

# 2 勇気くじきと勇気づけ

　勇気づけができたとき，子どもたちの中では「共同体感覚」が育ちます。つまり，「所属感」「貢献感」「信頼感」「自己受容」を感じ，それがより確かなものになります。反対に子どもの勇気をくじいたとき，子どもは「孤独感」「無力感」「不信感」「自己否定」を味わいます。そして「どうせ俺（私）なんか」という言葉が，口癖となって口をつくようになるでしょう。

## ❶苦い経験―勇気くじきの図工

　私は図工の時間が好きです。意識的・無意識的に子どもたちは色や形を選択し，表したいものを表していきます。そこに表れる色や形は，世界でたった一つのユニークなものであり，私は「評価の前に鑑賞を」と子どもたちの作品を楽しむ時間を大事にしています。

　しかし，教師になりたての頃，私の図工の時間は全く違ったものでした。それは「描かせたい絵を描かせる」というものだったのです。私から見て，出来のよい子どもの絵を全体に見せて，よいところを全体の前でほめました。次第に，私好みの絵を描けない子どもは，はじめから「描くことがない」と絵を描くこと自体に背を向けるようになってしまいました。子どもたちのやる気をそいでしまいました。勇気くじきです。

　私は，自分で決めた色や形で絵を描く主体性を奪ってしまい，お手本どおりに描くように仕向けました。このことにより私好みの絵を描けない，または描きたくない子どもから，所属感も，貢献感も，信頼感も，自己受容も，いっぺんに奪いとってしまっていたのではないかと思います。私好みの絵を描かなければ，認められないわけですから，所属感を失います。また，自分の考えとは違うものをよしとする私に対して不信感を抱いたかもしれません。

そして，お手本になったあの子と比べて，自分は役立たずだと思ったかもしれませんし，そんな自分をだめな奴だと自己否定したかもしれません。

このように，共同体感覚の四つのピース「所属感」「貢献感」「信頼感」「自己受容」をひっくり返してしまうことが勇気くじきで，子どもに「疎外感」「無力感」「不信感」「自己否定」を味わわせます。先生や友達を，仲間だと思わず，敵とみなします。勇気をくじかれた子どもが，「なぜあんなことを」というような不適切な行動をし，「なぜ」と問いただしても，理由がいいかげんだったり，わからなかったりするのは，「うまい子どもをみんなの前でほめる」などという，一見すると善意による指導により，知らず知らずのうちに何度も勇気をくじかれていたからかもしれません。

「うまい子をほめて何が悪い！」ここまで読んでこられた方の中にも，そのように感じる方がいるかもしれません。「かわりにどうすればよいのだ！」と疑問をもたれるでしょう。

## ❷勇気づけの図工

勇気づけの図工は，絵を描く主体は子どもであることを絶対条件とします。教師は子どもの創造的な活動の相談者であり，その過程の鑑賞者であるべきです。「ここの人の描き方がわからないので教えてください」「どのようにしたいの？」「向こうへ向かって走っているようにしたい」「先生がモデルになってみようか……どう？」このように，あくまでも相談にのるというスタンスを守ることにより，子どもの主体性が守られます。

絵などの作品をほめるというよりも「ここの○○のところすごいなあ」と感想を言ったり，見守ったりします。例えば，画面中央に小さくゲームをしている後ろ姿が描かれていたとしましょう。「真ん中にポツンと……一人でゲームをしているんだな……」とその子どもの表現を受け止めることも勇気づけです。

さらに，その子どもの家庭の事情を踏まえ，周りに誰もおらず，一人でゲームをするその子の心情を想像したとき，その絵が，その子どもの，大切な，

大切な表現であることがわかるのではないでしょうか。不用意に「もっと大きく描きなさい」「周りに家族とか描いたら」などと言うことで，その子どもとの信頼関係を一気に失ってしまうかもしれません。

　以上，図工を例にとって説明しましたが，勇気づけであったか，勇気くじきであったか振り返るときに，共同体感覚の要素である「所属感」「貢献感」「信頼感」「自己受容」を自分の中の尺度としてもち，これが育ったかどうかを振り返るとよいでしょう。

　「○○さん，これを職員室の△△先生に届けてきてもらえますか？」と依頼するだけで，大きな勇気づけになることがあります。

# 3章

## 場面別でよくわかる
## 学級づくりの
## 「勇気づけ」実践講座

## Case 1　提出物を出さない子がいたとき
### アセスメントで実態と背景を考える

　PDCAサイクルは，学校に限らず，あらゆる業種での運営モデルとして定着しましたが，私は，PDCAの前にA，つまりAssessmentをつけ加えることが大事だと考えています。学校は子どもを対象にしていて，その子どもたちは，一人ひとり大変ユニークであるからです。ですから，製品をつくる会社とは違い，まずはどのような子どもたちであるのか，実態把握と評価としてのアセスメントが計画の前になければと考えました。

　「私は子どもたちを，先入観をもってみたくない。だから，前担任の見立てなどはあまり聞かないようにしている」。非常にかっこよく聞こえ，一期一会を大切にするという気概を感じますが，情報がない上での出会いは，ますます担任のひとりよがりな先入観を生じさせないでしょうか。また，そういった先入観は，子どもを偏った目で決めつけ，誤った指導を生む原因になりかねません。

## Case

　4月当初から，提出物を出さない子どもがいます。身だしなみも汚れた感じであることから，先生は「だらしのない子」とレッテルを貼ってしまいます。その子は，新担任がいやだと，泣きながら母親に連れられて学校にやってきました……。

　このようなケースの場合，どのように感じ，どのように指導していったらよいでしょう。担任がはじめてもつ子どもたちに挨拶をしているとき，一人の子どもがカッタンカッタンと椅子を揺らして音を立てていたため「落ち着きのない子」と決めつけたら，どうでしょう。

　実態把握と評価，つまりアセスメント抜きでこれらに対応していこうとす

ると，教師一人の非常に限られた経験則から対応していかなければならなくなります。

## 【ありがちな対応】
　先入観をもたないために子どもの情報は入れない
↓

## 【勇気づけの対応】
　アセスメントで実態と背景を考える

　アセスメントは実態とその背景を考えます。例えば，提出物が出されない，というのが実態であれば，その背景として，本人の要因，例えば身の回りの整理整頓をすることが苦手であるとか，話を聞いて理解することが苦手であるなどが考えられます。また，家族関係の要因として，母親が放任であるとか，毎晩のようにけんかが繰り返されているなど，そして，心理的な側面として，あまり面倒をみてもらえない子どもが，無意識的に提出物を出さないことによって教師からのケアを引き出している，とも考えられます。

　このようにアセスメントを行うと「だらしのない」の先にみえてくるものがあります。本人の要因であれば，工夫で対応することができます。例えば，提出物を机にはしまわず，そのまま，ランドセルの決まった場所に入れるようにし，家庭にもそこを毎日見てもらうように依頼します。話を聞いて理解することが難しいのであれば，連絡帳に書く時間をしっかりととり，確実に書けているかどうかをチェックします。「ちゃんと書けているから，忘れずに持ってこられるね」と勇気づけます。家族関係が要因である場合は，そこに直接介入することは学校としては難しいので，そのような中でも持ってこられたときは「よく持ってきてくれたね。助かります。ありがとう」と伝えます。合理的配慮として，保護者に連絡するなど提出をお願いしなければならないでしょう。また，虐待などが疑われる場合は，管理職と相談し，子育て支援課などの外部機関との連携が必要となってくるでしょう。

## Case 2　子どもになめた態度をとられたとき
### 視点を変えて意味づけ直す

### Case

「先生ってさぁ，あまーいあまいだめ先生なんでしょう？」と，今年こそ心機一転頑張るぞとはりきるＢ先生に先制パンチ！　ニコニコと屈託なく笑うＣ君。

「たしかに去年は学級経営，ボロボロだった……でも……」

スタートはいつも素敵な出会いが待っているとは限りません。担任発表で歓声が上がる先生，そうでない先生。全校の職員・児童・生徒のいる前で「えーっ」という声が上がったとき，それを謙虚に受け止め，頑張ろうと思える先生はそうはいません。目の前が真っ暗になり，教師としての自信も大いに揺らぐことでしょう。ましてや冒頭の例のように，面と向かって子どもからだめ出しをくらっては，出鼻をくじかれ，何も言えなくなってしまうのが普通でしょう。

では気持ちを立て直し，これから少なくとも１年，この子どもと，この子どもたちと向き合っていくためには何が第一に必要でしょう。

それが，勇気づけです。

【ありがちな（自分への）言葉かけ】

「子どもに嫌われている，どうしよう」

「また今年も，去年と同じか！」

「せっかく心機一転頑張るつもりだったのにＣ君のせいでだいなしだ」

これでは，自分で自分の勇気をくじく悪循環に陥り，否定的なイメージを

強化してしまいます。では，どのように自分を勇気づけていったらよいのでしょう。

**【勇気づけの（自分への）言葉かけ】**
「私に期待している子どもも必ずいる。むしろ，C君は私に期待しているからこそあのように言ったのだ」

勇気づけの言葉かけでは，ネガティブな言動がすべてではないと，一例を過度に一般化することを避けています。また，C君の苦言を「期待」ととらえ直しています。これは視点を変えて意味づけ直すというリフレーミングの手法です。

では先ほどのように言われてしまったB先生は，C君をどのように勇気づけていったらよいでしょうか。私であれば……。

**【勇気づけの言葉かけ】**
「C君はどういう先生だったらいいなって思いますか？」

このように尋ねるでしょう。例えば「よいことはよい，悪いことは悪いとしっかり叱ってくれる先生」との返答があれば，C君はルールの確立したクラスで安心して過ごしたいと思っているのだと考えられます。
「ルールがしっかりとある，けじめのあるクラスがいいと思っているのかな？　もしそうだとしたら，先生もそう思います。先生とC君で，友達も一緒になって，そういうクラスをつくりたいと思いますが，力を貸してもらえませんか」とC君に伝えたいです。

# Case 3 学級目標を考えるとき
### 目指すクラス像を共有し，所属感につなげる

　学習内容が増え，学力向上が特に求められる今の学校では，1年のスタートの時点で，じっくり時間をかけて学級の体制をつくり，徐々に本格的な学習へと移行していくような悠長なことはやっていられないのが現実のようです。とにかく，一刻も早く学習に取り組みたい。

　D先生は学級経営案を作成すると同時に，学級目標を立て，それを実現するために，一人ひとりの子どもに頑張ってほしいことをたくさんあげていきました。子どもたちに一人三つ選ばせ，個人の目標をつくらせようと考えたわけです。

## Case

　「みなさん，この学校の目標を知っていますか？」あらかじめ用意していた巻物を巻いた状態で黒板に貼り，尋ねました。

　「え？」というような怪訝な顔をしている子どもたちを見て，ちょっと残念そうにしながら，「よく考えて行動する子・豊かな心で助け合う子・たくましく最後までやりぬく子，です」といって，巻物を広げました。無事，ストンときれいに広がり，ホッとしました。ここは，D先生としてはけっこう手の込んだことをやったつもりでしたが，あまり反応がありません。

　「では，この学校教育目標をもとに，先生が学級目標もつくってきました。見てください。ジャン」やはり用意していた巻物を広げましたが，もう予想どおりの動きなので，ますます反応は薄くなってしまいました。D先生の考えた学級目標は大変シンプルなものでした。「かしこく・なかよく・たくましく！」わかりやすく覚えやすい目標です。

　「先生はまず，みんなに賢くなってほしいと思いました。もちろん勉

　もうこうなっては観客のいない一人芝居です。また，聞いている方の気分
はどうでしょうか。学級をつくっていく一員としての所属感を感じるでしょ
うか。

　教師も子どもも，その時間の目標を自分事として共有することができれば，
授業はほとんど成功したといってよいでしょう。学級づくりも，このはじめ
の時期に，目標，つまり目指すクラス像を共有できれば，有能なナビゲーシ
ョンをもったようなものです。

## 【勇気づけの対応】
### 目指すクラス像を共有する

　学校教育目標は，あらかじめ決
められたものです。しかし「この
ように決まっているけれど，これ
でよいでしょうか」とその意図す
るところを説明し，投げかけ，承
認を得ておくことが必要です。そ
して，この学校教育目標は誰が実
現するのかを尋ねてみるとよいで
しょう。教師だけでも，子どもだ
けでも実現できない，地域や家庭
の協力も得て，実現しようとして
いるのだということに気づけるよ
うな授業を，特別活動や道徳で行

みんなで考えよう！

います。

　そうした上で「実現のために，私たちのクラスでは何ができるでしょう」と問いかけます。このような過程を経て，徐々に，目標を自分事としていくわけです。

　ところで，学校教育目標は教育の目的，「平和で民主的な国家及び社会の形成者」を育てることに連なる目標です。そうして考えてみると，平和で民主的な国家は，日々，一人ひとりの小さな目標への努力の積み重ねによってつくられるものなのだということがわかります。子どもたちの日々の成長に平和や民主主義が託されているのだということを意識すると，学校の使命や教師の仕事の意味や価値を再確認できるのではないでしょうか。

　さて，話をもとに戻します。「私たちのクラスには何ができるでしょう」と問いかけ。付箋にたくさん書いてもらい，似たもの同士でまとめて貼るという，簡易的なKJ法にグループごとに取り組んでみてもよいでしょう。

　そこで出された意見をもとに，学級目標をつくっていくことは，先にあげた例のように，すべて教師が用意した場合と全く異なります。目標づくりに参加するということは，その組織に所属しているという証なのです。人は一人では生きてはいけないのですから，生きている証といっても決して大げさではないでしょう。

## 【勇気づけの対応】
### 目標づくりに参加して所属感につなげる

　学級目標ができあがったら，それを達成するには「あなたに何ができますか」と問いかけます。もう，自分事になっている子どもたちは，具体的に何を目標にしたらよいのかわかっているはずです。このように「私には何ができるだろう」と考えることができる状態は，先の共同体感覚「所属感」「貢献感」「信頼感」「自己受容」が満たされている状態であるといえるでしょう。

# Case 4 スタートでクラスが落ち着いているとき
### 「ほめる」ではなく，「勇気づけ」る

　4月，新しい出会いの時期は，教師も子どもたちも期待と不安でいっぱいです。小学校低学年の子どもは特に，担任からの注目を得るために「よい子」の面を見せてきます。学年が上がるにつれて，対象は担任から友達に移り，友達関係の中でよいポジションを得ようと，やはり「よい自分」でいようとします。

　5月の連休くらいまでは，子どもたちも頑張りますので，はじめての授業参観では，落ち着いて学習に取り組む子どもたちの様子にホッとする保護者もいて，懇談会や家庭訪問などでの担任の評価は上々であることが少なくありません。

## Case

　子どもたちの素直で頑張る姿に，担任も自信をもち，よい雰囲気が教室の中に満ちています。担任は，ここぞとばかり，子どもたち一人ひとりをほめ，やる気を引き出そうとします。どんどんほめてもらえるので，よい行動も増え，好循環に入っているように思える時期です。

　しかし，いつの間にか，「こうすればほめられる」というパターンが学級内にできあがってきてしまいました……。

　ここで気をつけなければならないのが「ほめ」のインフレーションです。

　「ほめる」ことがパターン化されてくると，だんだん，ほめの効力も落ちてきます。ほめられることが当たり前のことになってくるのです。

　また，ほめられやすい子どもと，そうではない子どもがどうしても出てきます。すると，ほめられない子どもの中から，注目・関心を得るために，不適切な行動をとる子どもが出てきます。担任はそのときに，ほめ疲れとこん

なはずではというショックから，不適切な行動をとる子どもを，必要以上に叱責してしまうかもしれません。

叱られた子どもは，一見すると，落ち込んでいるように見えるかもしれませんし，くやしそうにしているかもしれません。しかし「過度の注目・関心を得る」という目標は達成しているわけです。しかも「よい行動」をするよりも，ずっと簡単な方法で。

叱られるのは誰もがいやですから，こんなことはもう二度としまいと，その子どもは思うかもしれません。しかし，安易な方法で注目・関心を得られたという経験は，無意識的に記憶され，繰り返されます。

周りの子どもたちも，ほめられ慣れてきていたり，頑張ることに疲れてきていたりします。不適切な行動で注目を得ている友達を見つけ，無意識的にまねし始めます。教室の中に不適切な行動が目立ってくると，担任のいら立ちはエスカレートし，いつしか大きな雷を落とすようになり，ハネムーン期は終わりをつげます。

**【ありがちな対応】**
　ほめる→パターン化する→効力が落ちる
　　　　　　　　　↓
**【勇気づけの対応】**
　共感・対等の関係で勇気づける

一体何を，何のためにほめてきたのでしょう。ほめるとはどういうことなのでしょう。担任の中に，ほめて子どもをコントロールしようというもくろみがあると，子どもたちはそれを見抜きます。
　「○○さんすごい，一生懸命拭いていてえらいなぁ」
　「○○さんはすごいよ，みんな見てください，丁寧に色を塗っています」
　「○○君パーフェクト！　100点！」
　「○○君は今日一番元気よく挨拶をしてくれました。とっても気持ちよか

ったです」

　このようなほめから，次のような勇気づけに変えていきます。

　「今日の掃除では，一生懸命床を拭いている人がいて，感心しました。き
っと，先生の見ていないところで，同じように頑張っている人がいたと思い
ます。だからこんなに教室がきれいで，気持ちがいいのですね。みなさんの
協力に感謝します」

　「丁寧に色を塗る人，ダイナミックに色を塗る人，暗い色を使う人，明る
い色が好きな人，様々な絵ができてきていて，見ていてとても楽しいです」

　「○○君，君は全部あっていたんだけど，どうやって勉強したのですか」

　「元気いっぱいだね，絶好調かな？　先生まで元気になるな」

　どこがどのように違うのか，おわかりでしょうか。

　「ほめて育てよ」と私たちは耳にたこができるくらい言われてきました。
ほめることがすべて悪いというわけでは決してありません。しかし，言葉か
けを変えていくことによって，注目・関心を得ることを目標にしている子ど
もを，協力し貢献する方へ導くことができるのです。

## Case 5 授業開始時が騒がしいとき
### 子どもの権力闘争にのらない

## Case

　毎時間，すっと授業が始まりません。おしゃべりや立ち歩きが所々で起こり，日直が注意を繰り返していて時間ばかりが過ぎていきます。

　だんだんとイライラし，その後，イライラを通り越して，怒りを感じてきてしまいました……。

　「怒り」を感じているということは，子どもたちの誤った目標の段階は「権力闘争」です。権力闘争は，子ども一人で，教師を打ち負かそうと仕掛けてくることもありますが，教師のいうことをよくきいていた子どもたちが，集団で挑んでくる場合も少なくありません。

　このようなとき，闘いにのってしまえば，子どもたちの目標は達成されてしまい，ますます権力闘争は激しくなっていきます。「闘いにのる」とは，怒りを感じ，子どもたちに負けまいと大声で応戦したり，長々と説教をしたりすることです。大声を出すと，一瞬静かになるかもしれませんが，その後，ますます子どもたちの騒ぎが大きくなることは，火を見るよりも明らかです。

【ありがちな対応】
　大声で静かにしなさいと怒鳴る
　　　　　　　↓
【勇気づけの対応】
　静かになった瞬間を見逃さず感謝を伝える

　子どもたちも，いつまでも授業を始めずに騒いでいるわけではありません。

全体がふっと静かになる瞬間があります。そのときにすかさず「静かになったね。ありがとう，これで授業が始められます。日直さんお願いします」と言えるかどうかに，問題が改善するか否かがかかっています。

　偶然かもしれませんが，教室の静かな環境は，全員でつくったものです。このような子どもたちが協力して何かができたときこそ，大きな声で全員をほめる最大のチャンスともいえます。このようなときの「ほめ」はごほうびではなく，勇気づけとして有効に働くでしょう。なぜなら，そのほめは，子どもたちをコントロールしようとしたものではなく，静かになってくれた子どもたちに，心から感謝して，正直に，そのまま素直に教師の口から出てきた言葉だからです。子どもたちは本物をきちんと見分けることができるのです。

　スポーツをするときに，フォームの確認のため鏡に映したり，動画を撮って後で見たりしますね。授業中これと同じようなことをするのです。ただ，鏡や動画は日常的には難しいですし，他の問題が起こりそうです。そこで，子どもたちの「できていること」をちょくちょくフィードバックするのです。「お，見てるね」「お，聞いてるね，OK，OK」「真剣に話し合ってるなぁ」「慎重にやってるね」等々，よい点を口癖のようにフィードバックするのです。

　上記のようにできていることをフィードバックできるようになったら，その後に「ありがとう」「うれしい」「助かる」などを加えてみましょう。はじめは「なぜ感謝しなければいけないんだ？」と思うかもしれません。しかし，例えば講演会の講師を務め，相手が教師や保護者だったらどうでしょう。よく聞いてもらえれば，ありがたいのではないでしょうか。授業も同じですね。「よく聞くことは当たり前。勉強は自分のためにする」といった固定観念に縛られていると，感謝の言葉は出てきません。反対に，少し違和感があっても，「すごくうれしいです」「とっても助かったよ」などと繰り返しているうちに，先ほどの固定観念の方がだんだん薄れていきます。

## Case 6　子どもが話を聞いていないとき
感覚タイプを意識する

## Case

　「いいか，先生はなあ，1回しか言わないから，よーく聞いてろよ，って言っても，聞いてない子がいるんだよなあ」と言いながら，校外学習の日程の説明を始めました。しかし，結局は聞いていない子どもが二〜三人いて，先生は，毎回二度三度同じ話を繰り返しています……。

　今から90年ほど前，アドラーは，その著書『個人心理学講義』の中で，人間の認知の仕方には「視覚型」「聴覚型」「感覚運動型」の三つのタイプがあることを指摘しました。特に子どもは，自分の得意な感覚以外はよく訓練されていないため，自分の得意な感覚だけで認知しようとすると述べています。さらに，「学校はこういう認知の仕方の違いに対して無頓着であり，教師が自分の得意な感覚を使って授業をすれば，その感覚以外の子どもたちは発達が妨げられるであろう」と述べています。

　さて，冒頭の教師の感覚タイプは何でしょう。教師が「聞くこと」を大切にしていることはすぐわかるかと思います。つまり，聴覚タイプ。聴覚タイプの教師は，話して理解させようとします。ですから「聞くこと」の指導に熱心です。「よく聞いていなさい」「聞いていないとわからなくなるよ」などの口癖があるでしょう。

　このタイプの教師は，往々にして話が長かったりくどかったりするので，視覚タイプや感覚運動タイプの子どもはさっさと説明を終わらせてくれないかとイライラします。特に感覚運動タイプの子どもは手いたずらが多く見られるかもしれません。聴覚タイプの教師は，視覚的にわかる図や表を用意したり，説明を段階に分けたり，一区切りを短くまとめたりするようにすると

視覚タイプや感覚運動タイプの子どもも理解しやすくなるでしょう。

　では，視覚タイプの教師はどうでしょう。「よく見なさい」「百聞は一見に如かず」などが口癖です。先ほどとは逆に，説明を聞きたがる子どもに「見ればわかるでしょう」と視覚的に理解するように指示します。しかし，言葉で説明してもらわなければわからない子どももいますし，実際にやってみないとわからない子どももいるのです。教師の用意した図をよく見ないで，さっさと実験を始めて失敗した感覚運動タイプの子どもを「ちゃんとこの図にかいてあるでしょう」と叱責してしまうことも考えられます。視覚タイプの教師は，図や表にまとめるだけでなく，それに付随する説明を言葉でしたり，失敗から学ぶ感覚運動タイプの子どもに対して，多少の失敗は大目にみて，試行錯誤を見守るおおらかさが必要です。

　感覚運動タイプの教師は「やってみなければわからない」「試行錯誤」「いろいろ考えていないで，まずやってみなさい」「失敗は成功のもと」などが口癖かもしれません。やり方を教えず，失敗から学ぶように求めるので，失敗が苦手だったり，先を見通せないと不安になったりする子どもはつらいかもしれません。図や表を使ったり，事前に必要十分な準備と説明をしたりすることが必要です。

## 【勇気づけの対応】
### 自分の感覚タイプを知り，自分と異なる感覚タイプの子に配慮する

　さて，自分の感覚タイプが何であるのか，ここでちょっと調べてみましょう。試しに家から近くのコンビニまでの道順を説明してみてください，色や形の特徴的なものを使って説明するのは視覚タイプです。はじめに，次に，などの順序を表す言葉や，何メートルほど行ったら，右折して，等の言葉を使っていれば聴覚タイプ，そして，手などが動き，「ずーっと」等の擬音を交えて説明する場合は感覚運動タイプです。自分の感覚タイプを知るところから，授業のユニバーサルデザイン化を見直してみてください。

## Case 7 テストの成績が思わしくないとき
### 不適切な行動に注目しない

　例えば，100点，あるいはそれに近い点をとった場合，ほめるのは容易です。しかし，30点や50点であった場合，ほめるのは難しいでしょう。しかし，勇気づけることはできます。「ほめる」は結果に注目し「勇気づけ」は過程に注目するからです。

## Case

　今年度になってはじめて，算数のテストを返した日。50点をとったE君はテストを手にし，ぐっとうつむき席に戻りました。次にテストを受け取ったFさんはなんと100点。E君の脇をガッツポーズをしながら通りすぎていきました。

　べつにE君にあてつけようとしたわけではないでしょう。しかし，E君は今受け取ったテストをびりびりとやぶいてしまいました。

【ありがちな対応】

Ⓐ「E君！　なんてことをするの！　テープをあげるから早く貼り合わせなさい！」

Ⓑ「いいのいいの，くやしいんだからほっときなさい」

　これに対して，勇気づけの対応は次のとおりです。

　（E君の近くで）「くやしそうだなあ」

　（時間をおいて休み時間や放課後などに）「テスト，相当くやしかったみたいだね」

　「そりゃそうっすよ，50点なんて」

「50点，左側の計算問題はできてたよね」

「はい」

「なんでできたの」

「なんでって，そりゃあ，ドリルとかと同じだし，簡単だったから」

「簡単だったんだ。ドリル，宿題でやっていたもんね」

「文章問題がだめなんです。前からずっと！　意味わかんねーし」

「それは先生の教え方にも責任があるかもしれない。計算問題はできているんだから，文章問題も解けるようになると思う。先生にもう一度説明させてもらえませんか」

「いいけど……」

「ところでテスト，びりびりだったけど，直せそう？」

「はい，なんとか」


　ありがちな対応Ⓐは，「なんてことするの」と不適切な行動のみに注目しています。そして，テープで貼り合わせるよう，解決の仕方を指示しています。ここでは，批判と指示だけがみられ，「くやしさ」は無視されてしまっています。やりがちな対応Ⓑはいわゆる「不適切な行動に注目しない」ということとは違い，単なる無視です。最も勇気づけを必要としている子どもが無視されてしまうことは少なくありません。そのせいで，不適切な行動が強化されていきます。アドラーは共感を「相手の目で見，相手の耳で聞き，相手の心で感じる」と定義しています。テストをやぶり捨てるほど耐えがたくくやしい子どもに共感したら「くやしそうだなあ」と心から言えます。共感に基づいた関わりは，たとえ叱っても勇気づけとなります。

　50点でも，30点でも，できたところ，やろうとしたことには注目できます。

　何が，どうしてできたのかと問うことによって，その子どもの努力に注目します。得点が低いのはE君だけの責任ではありません。教師にも責任があり，それをきちんと認めれば，E君も責任をとろうとします。

## Case 8 漢字が苦手な子どもに指導するとき
### 相手の関心に関心をもつ

　私は今，特別支援学級を担任しています。担任してきた子どもの中にはもともと漢字が大好きな子どももいますが，「漢字は苦手」と漢字学習を敬遠していた子どももいます。でも，みんな「漢字好き」になってしまいました。それにはわけがあります。

　私は漢字指導がはじめから得意であったわけではありませんでした。しかし，岡山県の大原美術館に行き，本物の「甲骨文字」を見てからはすっかり考えが変わりました。形はずいぶん違ってきたとはいえ，私たちが今使っている文字のルーツを見て，「つながっている」と実感しました。今思えば，多少大げさな表現かもしれませんが，自分自身の中にある「共同体感覚」への気づき，だと思います。

　その後，書き方を唱えて覚える「下村式」（『となえておぼえる漢字の本』下村昇著，偕成社）という漢字の学習方法に出会い，これこそ，あの美術館で感じたことに基づいた学習方法だと考え，授業に取り入れていきました。さらに，アドラーが指摘した，「視覚型，聴覚型，感覚運動型」の各タイプに合ったやり方がこの学習方法には含まれていることに気づきました。

　「いち，に，さーん，し，ご，ろく，しち，はち，きゅう，じゅう，じゅういち，じゅうに，じゅうさん，じゅうし，じゅうご，じゅうろく」さて，何の字を書いたでしょう？　当然，わかりません。でも，「いち，くち，そ，いち，いち，の，め，は」ではどうでしょう。「頭」だとわかるのではないでしょうか。すべての漢字に固有の唱え方があります。視覚による認知が苦手な子どもは，唱えて書くような方法がよいとの指摘もあります（「『見る力』を育てるビジョン・アセスメント　WAVES」学研）。画数はわかりませんが，書き順は正しく書くことができます。

## Case

　Ｇさんは知的障害がありますが，何かを「かく」ことに大変興味をもっていました。特にお気に入りなのが「黒板にかくこと」でした。ところが，黒板は授業で使う大切なもの，という考えからＧさんは黒板に「いろいろかく」ことを禁じられていました。

　アドラー心理学では，子育てや教育，カウンセリングなどで「相手の関心に関心をもつ」ということが，それらを行う上での構えとして大切だといいます。

　私が担任になってから，Ｇさんに休み時間，黒板を開放しました。もちろん，休み時間の終わりには必ずきれいに消す約束をしました。約束は残念ながら何度もやぶられましたが，その都度約束をし直しました。

　はじめは，線を複雑に組み合わせた花の模様のようで，美術作品としてとても面白いと思い，描いた絵を見ながら話を聞くと，これは○○，これは△△というように，次々と描いては話をしてくれました。

　Ｇさんは教師や友達にも関心をもっていました。このような理由で，下村式の漢字学習を取り入れたところ，漢字に興味をもち，絵を描くことから漢字で人の名前を書くことに変化していったのです。クラスの友達や教師の名前を漢字でどんどん書いていくのです。Ｇさんはいつの間にか漢字博士になっていました。

## 【勇気づけの対応】
### 相手の関心に関心をもち，それを生かす

　漢字が根っから嫌いな子どもなど，誰一人いないのです。勇気くじきにあい，漢字への興味を失ってしまったのです。学校の授業の中では個々に対応した漢字学習は難しいかもしれません。しかし，家庭の協力も得ながら，子どもの関心に合わせた漢字学習に宿題などで取り組んでもよいのではないかと思います。

## Case 9 授業中に誤答があったとき
### 間違った意見でも貴重な意見として取り上げる

「子どもに失敗させたくない」という思いは，子どもに対するやさしさの表れなのでしょうか。子どもに失敗させないように，先回りをし，いつも成功させるようにすることを，アドラー心理学では「甘やかし」といいます。そして，「甘やかし」は最大の勇気くじきであり，子どもから学ぶ意欲を奪います。「失敗させない指導」の背景には，教師の「完璧でなければならない」「有能でなければならない」といった，偏った信念があることが考えられます。それを証明するために「失敗させない」のであり，「大成功」は教師の「完璧さ」「有能さ」の証明なのです。

小学校4年生では，ものの温度とかさについて学習します。空気，水，そして鉄のかさが，温度によってどのように変化するのかについて，実験を通して学んでいくわけです。

空気や水は，温めると大きくなるというのは，納得しやすいかもしれません。空気については，日常生活で経験している子どももいるでしょう。しかし，鉄が温まると大きくなるとは普通は考えにくいものです。

### Case

その日の授業は，空気と水が温めることによって大きくなる（かさが増える）ことを学習した後，鉄の玉はガスバーナーで温めると大きくなるかを考える授業でした。そのとき，誤答がありました……。

「鉄の玉がギリギリ通る輪があります。今からこの鉄の玉を熱します。輪を通るでしょうか。それとも通らないでしょうか」

このように担任が尋ねたところ，元気よくH君が手を上げました。

「鉄の玉は温めた後も輪を通ります」

誤答です。担任はH君に次のように言いました。

「空気や水はどうでしたか？」

そのとたん，他の子どもたちが一斉に手を上げました。H君はその様子で，自分が間違ったことを察し，顔を真っ赤にして席に座ってしまいました。

「I君，どうですか？」

「輪を通らなくなります。理由は空気や水も温めたら大きくなったので，鉄もかさが増えると思うからです」

「I君は理由も言えて，すばらしい，H君どうですか」

H君は，顔を伏せたまま，小さくうなずいただけでした。

## 【勇気づけの対応】
**「失敗は成功のもと」であることを，体験を通して学ばせる**

「鉄の玉は温めた後も輪を通ります」

「輪を通る……どうしてそう考えたか教えてください」

「はい，鉄は空気や水と違って，硬いので，熱しても大きくなりません」

「なるほど，鉄は硬いですからね」

ここまでで，すでにかさが増えると考えている子どもたちは，自分の意見を言いたくてたまりません。

「お，I君，違う意見がありそうですね」

「はい，鉄は硬いけれど，空気や水と同じようにかさが大きくなると思います。鉄の輪はギリギリなので，少しでも大きくなれば通りません」

「さあ，今，二つの意見が出てきましたよ。二つの反対の意見が出たので，実験して確かめてみましょう。とても実験が楽しみになりましたね。二人ともありがとう」

このように，間違った意見でも，理科の実験になくてはならない貴重な意見として取り上げられることにより，「間違ってもよいのだ。間違いから学ぶことができる」という，合理的な考え方が身につくのです。

## Case 10 特に考えさせたいことがある授業のとき
生きることの価値につなげる

　日本に暮らす18歳から22歳の若者のうち4人に1人が自殺を本気で考えたことがあり，10人に1人が自殺未遂を経験したことがあるという調査結果（「若者に自殺を考えさせる多くの原因は『いじめ』，『不登校』経験も強く関連。そのとき相談する相手は誰？」日本財団ジャーナルより）があります。さらにその原因として最も多くあげられたのが学校問題でした。その学校問題をさらに詳しく見てみると「学校における他者からの身体的・精神的被害」が最も多い要因でした。

　本来，学校では「生きる力」を育てることが目的とされています。その学校で死を考えるほどの苦しみを味わっていることは，心底残念でなりません。

　「いじめ」は関係性の病です。生きる勇気をくじかれた人が，さらに生きる勇気をくじかれた人をいじめ，つかの間のいじめ被害者に対する優越感と，いじめグループへの所属感を得ているのです。20ページのマズローの欲求の階層説をもう一度見てみましょう。生理的欲求や，安全の欲求が十分満たされていたとしても，所属と愛の欲求がいじめなどにより満たされなければ，人間は自ら命を絶つのです。つまり，「つながり」「絆」が「命綱」なのです。

　いじめや自殺防止のための取り組みももちろん大切ですが，私たち教師は，日々の授業の中でこの「つながり」を実感できるように工夫していくことがとても大事だと思っています。

### Case

　小学校6年生の理科では，植物の光合成と，人の呼吸について学習します。「人が呼吸したり，ものが燃えたりして酸素が失われるのに，なぜ酸素はなくならないのでしょう」と発問し「植物が二酸化炭素を取り入れ，酸素を出しているから」という子どもの既有の知識を出させます。

「それでは本当に二酸化炭素を取り入れて酸素を出しているのか調べてみましょう」となります。

　植物にビニール袋をかぶせ，中の空気の組成を検知管で調べる実験をすると，なるほど，植物が二酸化炭素を取り入れ，酸素を出していることがわかります。さらに，酸素をつくりだした生物，ストロマトライトについてもふれます。（『たのしい理科』大日本図書）

　この授業のとき，どのような勇気づけの視点をもてばよいでしょうか。

「目をつぶって，ゆったりと座ってください。今から，楽にたっぷりと息が吸える呼吸法を説明するので，やってみてください。先生が1，2，3と数えたら，鼻から息を取り込みます。4で止めて，5，6，7，8，9，10で口から息を出します。吸うというよりも，できる人はおなかをふくらませると鼻から息が入ってくる，おなかをへこませると口から息が出ていく，という感じでやってみてください」

　（しばらく呼吸法を続けた後）「呼吸はそのまま続けて，目を開けてください。ところで，みなさんが吸っているのは空気ですが，取り入れているのは何ですか？」

「酸素です」

「そう，私たちは酸素を取り入れて……」

「二酸化炭素を出してる」

「そうそう，二酸化炭素を吐き出して生きているんでしたね。では，その

酸素はどこからきましたか」

「植物が出します」

「そうそう，どの植物だろう。校庭の隅のタンポポの葉っぱかもしれない
し，遠い南の島のヤシの木かもしれないよ」

「二酸化炭素はどうなりますか」

「植物が吸う」

「どこから」

「葉っぱから」

「どうなる？」

「日光と水とで，でんぷんができる」

「植物がなくなったら，どうなりますか」

「酸素がなくなって，生きていけなくなる」

「私たちがいなかったら，植物はどうなりますか」

「二酸化炭素がなくなって，生きていけない」

「私たちに植物は必要だし，植物には私たちが必要なんですね」

「地球上に酸素が増えたのはいつだったのか，調べてきた人はいますか」

「はい，46億年前に地球は誕生し，20億年前，ストロマトライトが酸素を
つくりだしました」

「ストロマトライトがいなかったら，私たちは今生きていられる？」

「生きていられません」

「ストロマトライトさん，ありがとう」

「地球が生まれなかったら，私たちは生まれた？」

「生まれません」

「46億年前に，地球が誕生し，20億年前，ストロマトライトが酸素をつく
りだしたから，私たちは生まれた。それでいいですか」

「はい，それでいいです」

「46億年前から，私たちが生まれる準備が始まっていた。そう考えていい
ですか」

「はい」

「先生，宇宙が生まれなければ私たちは生まれません」

「なるほど，宇宙が生まれなかったら，地球だって生まれないものね。宇宙はいつ生まれたのか，知っていますか」

「たしか，100億年？」

「そうそう，そういう歌（合唱曲「COSMOS」）があったね。正確には，138億年前，138億年前に宇宙が生まれなかったら，私たちは生まれた？」

「生まれない」

「138億年前から，私たちが生まれる準備が始まっていた」

　私たち一人ひとりが，138億年前から生まれるように準備されていたということを，呼吸や光合成，生き物のつながりの学習とつなげて考える時間を，授業のまとめで行うことで「それだけでも生きていることには価値がある」と感覚的に理解できるのではないかと思います。


**【勇気づけの対応】**
　**生きていることに価値があることの理解につなげる**


〈参考文献〉
・岡野守也著『コスモロジーの心理学』青土社

# Case 11 子どもたちの意見から授業を深めていくとき

「ありがとう」「うれしい」を意識的に使う

　学級づくりでも，1時間1時間の授業づくりでも，子どもと教師が目標を一致させておくことは大変重要です。この授業で，何ができるようになったらよいのか，何がわかるようになればよいのかを明確にとらえられていれば，もう，授業は8割がた成功したといってよいでしょう。

　これは，アドラー派のカウンセリングでも大切にされる考え方です。ただ，学校の授業と異なる点は，目標はあくまでもクライアントが決めるということです。しかし，学校の授業でも，その授業で目指すものが何なのか，たいていは教科書に書いてありますから，そこから見つけさせるだけでも，はじめから目標を板書して読ませたり，写させたりするよりもずっと，子どもたちがより主体的に授業に関われるようになれます。

　さらに，教科書に書かれている目標の意味について，子どもと話し合い，明確にしていきます。目標をこちらから提示する場合でも，前時とのつながりなどから，必然性や，学習する意味，価値が感じられるように提示しなければなりません。

　アクティブ・ラーニングが提唱され，ジグソー法や反転授業など，様々な学び方が紹介されました。これらの方法を教え，子どもたちがマスターしたあかつきには，総合的な学習の時間などで「学習方法はお任せします」と言って，子どもたちにその方法をゆだねてしまうのも面白いでしょう。

## Case

　国語の授業で，子どもたちに意見を求め，指名しました。深めていこうと思ったのですが……。

「ごんはなぜ，いたずらばかりしていたのだと思いますか」

「ごんはさびしかったのだと思います」

「他には」

「いたずらが面白かったんだと思います」

「他には」

「ごんにとっていたずらは遊びのようなものだったと思います」

　このような受け答えでは，授業はとうてい深まりません。

「ごんはなぜ，いたずらばかりしていたのだと思いますか」

「ごんはさびしかったのだと思います」

「ごんはさびしかった……なぜそう考えましたか」

「一人ぼっちで穴の中で暮らしていたから」

「なるほど，一人ぼっちで，穴の中……」

　いかがでしょうか。子どもの言ったことの中のキーワードを繰り返します。そして，ごんのさびしさを想像して，味わいます。教室の子どもたちもさびしさを想像します。ごんと，教師と，子どもたちが「さびしい」という感情を共有する時間です。

## 【勇気づけの対応】

### キーワードの繰り返し，「ありがとう」「うれしい」を意識的に使う

　授業中であれ，「ありがとう」「うれしい」「助かった」を意識的に使うようにして子どもたちを勇気づけます。例えば「先頭の人，プリントをとりにきてください」と言って，配ってもらった場合は，当然「ありがとう」と伝えますし，子どもが意見を言ったり，黒板に答えを書いたりしたときも，「ありがとう」と伝えます。「みんなが一生懸命勉強に取り組んでいる姿を見るとうれしいなぁ」と感想を率直に伝えることで勇気づけたり，「○○さんが，そこのところ知りたがっていたよ」などと伝え，二人が教え合っている様子を見て「こうやって，教え合ってもらえると，先生とても助かるんだ。ありがとう」と勇気づけたりすることもできるのです。

# Case 12 学ぶ意欲を引き出したいとき
## 四つの方針で勇気づける

　ここまで読み進まれた方ならば，日本の教育の方向性と，アドラー心理学が目指していることが，よく一致していると感じられたのではないでしょうか。授業の中に「勇気づけ」を取り入れ，共同体感覚を育てることが「主体的・対話的で深い学び」の実現につながります。

　また，反対に「主体的・対話的で深い学び」のある授業を行うということは，つまりは子どもたちを勇気づけていることであるし，共同体感覚を育てていることでもあるわけです。

## Case

　「将来苦労しないために，今のうちに勉強しておきなさい」「将来きっと役に立つから，今はいやでも勉強しておいた方がよい」こう言われて学習意欲がわく子どもはほとんどいないと思います。ずっと先の将来の自分を想像することが難しいからです。では，学ぶ意欲を引き出すにはどうしたらよいのでしょうか。

　まず，学ぶ意欲はどこからくるかについて考えてみたいと思います。

　学ぶ意欲には外発的に動機づけられてわいてくるものと，内発的に動機づけられてわいてくるものの，二通りがあることをまず確認しましょう。

　外発的動機づけとは，何かごほうびがあるとか，やらないと困ったことになるとか，あるいはライバルに勝ちたい，友達と一緒に学ぶと楽しい，高校受験で志望校に合格したい，など，外的要因によって学習意欲をもつことです。内発的動機づけとは，学ぶことそのものに楽しみを見出したり，学ぶ内容に興味をもったりするなど，学習者の内面にその意欲の源泉があるということです。

そのどちらも，学ぶ意欲を引き出すために大切であることは言うまでもありません。しかしここでは，生涯にわたって学び続けようという意欲づけにつながる内発的な動機づけによる学ぶ意欲について，アドラー心理学の視点から考えてみたいと思います。

　幼児は，決して外発的に動機づけられなくても，言葉をどんどん覚えていきます。なぜでしょう。どんな学ぶ意欲の源泉をもっているのでしょう。小学校１年生が，入学式の日に家に帰って教科書を開くとき，どれだけ期待をもって開くでしょうか。ここにも内発的な学ぶ意欲を見てとれます。

　「知らないことを知りたい，できないことをできるようになりたい」この思いは，この世の中とつながりたい，という願いにほかなりません。学ぶ意欲を失っている子どもは，学びの過程のどこかで勇気をくじかれているのです。

## 【学ぶ意欲をくじく四つのこと】

①少し頑張ってもできない，わからないことをさせられる。あまりにも簡単すぎること，わかりきっていることをさせられる

　私たちも，とても難しいと思うようなことをいきなりさせられては，学ぶことがいやになってしまいます。反対に，わかりきっていることを学ばなければならない時間ほど退屈なことはありません。

②失敗や間違いを責められる

　失敗したり間違えたりすることを「だめじゃないか」と叱られたり，叱られないまでも，指導者がいら立ったり，あるいは他の友達に「違いまーす」と大きな声で口をそろえて言われたりしたとき，その子どもは学ぶ意欲を失います。

③他の子どもと比較される

　この場合は，いつも比較されて自分の有能さが示されているのならば，外

発的に動機づけられます。しかし，そこで子どもが学ぶことは「人よりも優れているときだけ，自分は OK である」という偏った信念です。そのような子どもは，ひとたび競争に負けると一気に学習意欲を失います。いつも比較されて，勝てない子どもは言わずもがなです。

④考える余地を与えられず教えられる

学習内容が多く，じっくりと考え，議論する時間を保障することができない学校では，ついカリキュラムをこなすことが優先され，自分で考えてわかるという学びの醍醐味を味わうことができず，勇気をくじかれている場合が少なくありません。

また，教師はとかく教えたがりです。ちょっと考えれば子どもがわかるようなこともすぐに教えてしまおうとします。その背後には子どもに対して優越であろうとする，教師の「私はいつも有能でなければならない」という偏った信念が隠れていることがあります。

## 【学ぶ意欲を引き出す四つのこと】

本来もっている学ぶ意欲を引き出すためには上記の勇気くじきの反対のことをすればよいのですが，一応ここで確かめてみましょう。

①少し頑張ればできる課題を設定する

ヴィゴツキーが提唱した発達の最近接領域は，子どもの学ぶ意欲を引き出す上で最も大切な考え方だと思います。しかし，子どもたちの学力の差に対応する難しさがあります。家庭学習ですでに多くを学んできている子どももいれば，下学年の学習が定着していない子どももいます。

すべての子どもにとっての最近接領域（少し頑張ればできる課題）を設定するのはとても無理です。しかし，配慮と工夫により，学力差にできるだけ対応しようとするか，かまわず授業をするかでは，大きな差が生まれるでしょう。

②失敗から学ぶように勇気づける

　失敗を責められれば誰もがやる気を失います。失敗し，それを叱られても，なにくそと努力できる場合もたしかにあります。それは，その子どもが十分に内発的に動機づけられているからにほかなりません。日頃から，失敗から何を学んだかを子どもたちに問いかけることや教師自身が自分の失敗について語り，そこから何を学びどう変わったかを示していくことが勇気づけとなるでしょう。

③他の子どもと比べない

　その子どもが，何ができるようになったのか，目標に照らしてどれくらい達成できたのかなど，絶対評価は子どもの意欲を引き出すために役立ちます。その際，どれだけ目標を子どもが自分のものにできているかが大切です。

④教えすぎず考えさせる

　全く教えないで子どもに任せきりになると，考えるための材料や手立てがなく，深い学びにつながりません。そのため学力の低い子どもはついていけず，かえってやる気を失います。必要十分な知識と考える時間が保障されれば，子どもたちは教師が考えている以上に深く考え，主体的に学ぶはずです。

## Case 13 掃除さぼりを話し合うとき
### 子ども自身が考えられるようにする

　自治的な学級では，子どもたちは学級内で起こることを自分の問題としてとらえ，主体的に関与しようとします。そして，誰かを批判，非難するよりも，どのようにしたら問題が解決するのか，自分にできることは何なのかを考えます。そして，協力して問題を解決します。

　何でも人のせいにして，誰かのことを担任に「いいつけ」て担任に解決してもらおうとする，依存的な学級とは対照的です。ともすると，依存的であることは，その子どもが甘やかされた結果としてそうなっているのだと考えがちになりますが，実は同じ子どもが違う集団に入ったとたん，大変自律的に行動できることもあるのです。個にアプローチするよりも，集団にアプローチした方がずっと効果的である場合が少なくありません。

　「クラス会議」はこのような自治の力を育てるために考え出された，アドラー心理学に基づく方法です。クラス会議は，子どもたちに自分たちで問題解決するためのフォーマットを提供します。それにのっとって会議を進めることによって，問題解決の方法を身につけていくことができます。そして，最終的には，クラス会議という形をとらなくても，日常的に自分たちの問題を自分たちで解決できるようになっていきます。

## Case

　「何でも話し合って解決することが大切だ」そう考えたＪ先生は，最近問題になっていた「Ｋ君の掃除さぼり」を話し合いで解決させようと考えました。

　「最近Ｋ君が，掃除をしてくれないと，先生にいいつけてくる子がいるんだけれど，自分たちで話し合って解決してください」このように，Ｊ先生の

言葉で始まった話し合いは、K君を責める同じ班の友達と、それに対するK君の「〇〇君だってさぼっていたのになんで責められないのか」といった反論もあり、解決策が見つからないどころか、お互いにお互いを責め合う「勇気くじきの話し合い」になってしまいました。

## 【勇気づけの対応】
### どうすればよいか、子どもたちが考えられるようにする

　自分たちの問題を自分たちで解決できる自治的な学級に育てていきたいと考えていたL先生は、アドラー心理学に基づいた勇気づけ会議である「クラス会議」を導入しようと考えました。
　「最近、Mさんが掃除をしてくれないなどの問題をよく耳にするのですが、昨年まではどのようにしていましたか？」
　「先生に言って注意してもらったり、叱ってもらったりしました」
　「それでその問題は解決しましたか」
　「強く叱ってもらってからは、掃除をさぼらないようになりました」
　「他にも、問題があった場合は、先生に頼んでいた？」
　「はい、先生がしっかり叱ってくれればちゃんとするので、L先生にも叱ってもらいたいです」
　「先生はみなさんに、自分たちの問題は自分たちで解決できる学級をつくってもらいたいと思っているのですが、どうですか？　先生も、いつも叱らなければならないのは大変ですし、叱ったり叱られたりはあまり気分のいいものではありません。みなさんだったら、自分たちで問題を解決できると思うのですが、どうですか」
　「自分たちでできた方がいいけれど、うまくいかないと思います」
　「うまくいくかどうかは、実際にやってみて、判断してみてはどうでしょうか。『クラス会議』という、話し合いの方法を使えば、自分たちで問題解決できる学級になれます」

# Case 14 ふざけたアイディアが出たとき
淡々と対応し，注目を与えない

　Case13の事例は，少し説得気味ではありましたが，「自分たちで」と主体性を大切にされるだけでも，子どもたちにとっては大きな勇気づけです。自分では何もできない赤ちゃんが無意識的に感じていた劣等感は，自分のことは自分で何でもできる大人になることへの強い欲求を生み（優越性の追求），子どもたちは教えられなくても立って歩き，言葉を話し，友達と遊んだりけんかをしたり，とめざましい成長をとげてきました。その過程に「自分たちで問題を解決する」もあるのです。

　「私たちは協力すれば問題を解決することができる」ということを体験的に学んでもらうために，「輪をつくる」というワークを行います。教室で普段の状態（黒板の方を向いて机が並んでいる状態）で，次のような提案をします。

　「今から，みんなで協力して，椅子だけで一つの輪をつくって座ってもらいたいと思います。ただそれだけのワークですが，クラス全員が思いやりをもって，協力して，目標を達成することが目的です。このワークで，このクラスのすばらしさに気づくことができるはずです。やってみますか」

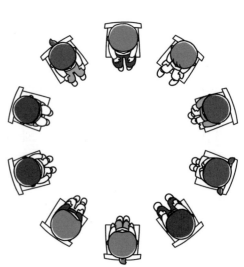

　このように声をかけるとよいでしょう。きっと子どもたちはうなずいてくれるはずです。

「では，輪をつくるのに，どれくらいの時間がかかると思いますか」

　何人かに予想時間をあげてもらい，だいたいの平均をとり（たいていは３分くらい），それを目標にします。

　担任は「思いやりをもって，協力して，一つの輪をつくってください」と言って，ストップウォッチで時間をはかります。全員が輪をつくって座ったとき「それでは時間を発表します」と思いきり大げさに盛り上げてみましょう。自然と膝を打ってドラムロールのまねをする子どももいるかもしれません。

　「時間は２分34秒！　大成功！」と伝え，みんなで喜びを分かち合います。そしてその次の質問が大事です。

　「なぜできたのでしょうか」

　今までこのワークを行って出てきた成功の理由は，「目標が３分って決まっていて，それに向かって頑張れたから」「○○さんが，入る場所をあけてくれたから」「△△君が，こっちこっちとあいているところを教えてくれたから」「みんなが思いやりをもってやったから」「思いやりっていうのはぶつかったりしないようにすること」「協力したから」「協力するっていうのは，自分のすることだけじゃなくて，人のすることも手伝ってあげたりすること」などがあげられました。担任は次のようにしめくくります。

　「みなさんは，思いやりをもって，協力して，問題を解決することができます」

　もちろん，時間をオーバーしてしまう場合があります。そのときは，設定した時間も含めて，どうしたらクリアできるかを話し合います。「最初のトライは残念でしたが，みなさんが知恵を出し合えば必ずクリアできるはずです。どうしたらクリアできるか，どんなアイディアでも歓迎です」そのように声をかけ，出されたアイディアをすべて板書していきます。

## Case

　学級がよい雰囲気で話し合いをしていると，なんとなくそれに水をさしたくなる子どもが出てきます。例えば「時間を30分にのばせばいい」と明らかにふざけたアイディアを出す子どもです。

　このような意見に，ある先生は，板書しないことで対応します。これは，不適切な行動に注目しない，といったアドラー心理学の考え方に基づいているように思われますが，なぜ無視したのでしょう。

　無視することで，ふざけたアイディアを出した子どもを責めているわけです。「どんなアイディアも歓迎ですって言ったじゃない！」と不満を言われたら，なんと答えるのでしょうか。

　また，こんな対応をする先生もいるでしょう。「先生，みんなで協力するって言ったよね？　ふざけた意見を言うことは協力するっていうこと？　これじゃあ，クラス会議はできないよ」

　いかがでしょうか。ちょっとふざけて，注目・関心を得ようとしていた子どもの思惑にまんまとのり，大注目をしてしまっています。子どもたちの目標が，ワークを協力して成功させることから，自分が注目されることに移ってしまいます。

【ありがちな対応】
　無視したり，注意したりする
　　　　　　↓
【勇気づけの対応】
　淡々と対応し，注目を与えない

　『クラス会議で子どもが変わる　アドラー心理学でポジティブ学級づくり』（ジェーン・ネルセン他著，会沢信彦訳，コスモス・ライブラリー）では，「相手の帆から風を奪う」という面白い表現で，こういうときの対応を説明

しています。この場合，不適切な行動に注目を与えないようにするためには，他の意見と全く同じように，淡々と板書すればよいのです。

他の意見のときに復唱していれば復唱し，なるほど，と頭につけていれば，なるほどと言えばよいのです。ふざけた子どもの目標は自分が特別であることなのですから，特別扱いしないことが大事です。子どもたちの間で笑いが起こるかもしれません。かまわず淡々とです。

このような対応に，実は周りの子どもたちは固唾をのんで注目しています。そして，上手に相手の帆から風を奪うことができれば，子どもたちも不適切な行動に対する対応の仕方を覚えていきます。反対にのってしまえば，不適切な行動をすれば注目してもらえるということを学んでしまうのです。

「こんなにたくさんのアイディアが出されました。この中で，次のチャレンジでやってみようと思うものを二つか三つ選んでください。いいでしょうか。では，そのアイディアで，目標クリア，頑張りましょう！」

このようにして，輪を再びつくります。今までの私の経験では3回目のチャレンジまで進んだことはありませんが，二度も三度も挑戦して，クリアできたときには，学級は達成感に包まれることでしょう。

「みなさんが，失敗から学び，知恵を出し合って協力したことで，難しい課題をクリアすることができました。これはすごいことだと思います。このことをおたよりにのせて，おうちの人にも知らせたいと思います」

## Case 15　友達の話を聞く態度が悪いとき
### 話を聞く練習をする

## Case

　なかなか友達の話を聞く態度が身につかないことがあります。「友達が話しているんだから！」と怒ってしまいます。

　クラス会議を行う上では「傾聴」のスキルを身につけておくことが大切です。傾聴は，よくカウンセリングの基礎を学習するときに取り上げられます。相手の顔を注視ではなくぼんやりと見て，うなずきながら話を聞きます。途中で話をさえぎったり，解釈を加えたりせず，ただ，相手の話に耳を傾けるというやり方です。

　練習の方法は次のようにします。二人一組になり，一人が去年1年間で楽しかったことについて話し（話題は何でもかまいません），もう一人が話の聞き役です。聞くときは3種類の話の聞き方をすることを知らせます。
①相手の顔を見ず，そっぽを向いたり手いたずらをしたりして聞く
②途中で相手の話をさえぎり，自分の話をする
③相手の顔を見てうなずきながら話を聞く

　小学生の場合，はじめからこのように話を聞くことについて知らせておくとよいでしょう。役割を交代して，どのように感じたかを話し合います。ここで感じたことは，二人だけではなく全体でもシェアします。

　クラス会議ではトーキングスティックというものを使います。小さめのぬいぐるみなどがよいでしょう。トーキングスティックを持った人が話し，それ以外の人は聞くようにします。トーキングスティックは話し手に「話す権利」を保障しますから，他の人に話をじゃまされないという安心感があります。また，ぬいぐるみなどは話し手をリラックスさせる効果もあります。

議題についてのアイディアを出す場面では，このトーキングスティックをまわしながら，自分の番がきたときに話すようにするのです。

## 【勇気づけの対応】
### トーキングスティックなどを使い，話を聞く練習をする

　ところで，自閉症スペクトラムと診断された，あるいは，それと同じような困難さを抱える子どもと関わっていて，相手の顔を見ることの意味について考えさせられます。例えば，このような子どもたちの中には，ごく身近な友達の名前もなかなか覚えない子どもがいます。自分以外の人物についての関心が限られているということもいえますが，相手の顔をほとんど見ていないということも，名前を覚えない原因だと考えられます。

　子どもたちの様子を観察していると，KY ともいわれるこれらの子どもは，相手の顔を見ていません。視覚刺激，特に視線に対する抵抗感が強い子どももいるので，相手の顔が見られないともいえます。このように，相手の顔を見ないで話だけ聞く，話す，という経験を繰り返していくとどうなるでしょう。話の中身と相手の感情がどのように関係しているのかがつかみにくくなるはずです。つまり相手の顔を見ないから，KY になるのだともいえます。

　そうすると，クラス会議では，自治の力だけではなく，対話力，会話力も一緒に育てられることになります。トーキングスティックを見て話を聞くということは，話し手に顔を向けることになります。トーキングスティックは大抵顔の少し下で持って話されますから，ぼんやりと表情を見ることになります。私たち大人も，メールや SNS など，顔を合わせないコミュニケーションの割合が日に日に多くなってきました。子どもたちだけでなく，私たち大人も，意識して顔を合わせてのコミュニケーションをとらないと，相手の感情をとらえることが難しくなり，共感力の低下につながりかねません。やや余談のきらいはありますが，クラス会議に取り組むことを通して教師自身がコミュニケーションそのものについて考えてみてもよいでしょう。

## Case 16 話し合いで相手と批判し合ってしまったとき
人を責めない方針を示す

## Case

　自治的な学級を目指して話し合いをするものの，相手と批判し合う話し合いになってしまいました……。

　Case13で取り上げた「K君が掃除をしてくれません」。このクレームの背景には「私はいつも正しい，悪いのはあの人である」という偏った信念があります。いや，実際に掃除をしないK君が悪いのでは？と思われるかもしれません。しかし，もしかしたらK君は訴え出たNさんとは掃除をしたくないだけなのかもしれません。例えば，Nさんが何でも仕切り，口うるさく掃除の仕方に指示を出すことから，K君はうんざりし，掃除がいやになっていたのかもしれません。このまま話し合いを始めても，お互いを批判し合う話し合いになりかねません。

　「輪をつくるワークで，みなさんは協力して目標を達成することができることを学びました。それでは輪をつくるとき，誰かに，○○しなかったからできなかったと責められたらどんな気分になるでしょうか。そして，どうしたいと思うようになりますか」

　「すごくいやな気分で，協力してやるもんかって思う」

　「それでは，○○してくださいってお願いされたらどうですか？」

　「それもまだ……だって，○○してくださいって，命令でしょう？　あなたのために輪をつくるわけじゃないよって言いたくなる」

　「そのときその人がリーダーなら別だけど，リーダーとかないし」

　「できないことを責められたり，することを命令されたりすると，協力したいと思わないわけですね。ではどういうときに協力しようと思いますか」

「例えば，『○○してくれる人がいるとうまくいくと思うんだけど誰かお願いできますか』という言い方だったら，協力しようかなって思います」

「『私は○○をします』って自分のすることを言えばいいような気がします。そうすれば，『俺もそうしよう』って思う人も出るだろうし」

## 【勇気づけの対応】
### 問題解決のアイディアがたくさん出るようにする

ここでは，やらされるのか，主体的に問題解決に関わるのか，ということについて話し合われています。

主体的に，自分に何ができるのかを考え，自己決定した行動に対して，周りの仲間が認めてくれることによって，その子どもの「所属感」「貢献感」「信頼感」「自己受容」つまり共同体感覚が育ちます。

実際の問題を話し合う前に，クラス会議につけるその学級ならではの名前を話し合い，決定することで，クラス会議の流れを練習します。議題は「クラス会議に素敵なオリジナルの名前をつけよう」で，担任から提出します。輪になるワークでやったように，素早く思いやりをもって，輪の形になります。担任も中に入るとよいでしょう。担任が議題を発表し，2～3分各自で考えます。そして，担任の左側から，トーキングスティックを時計回りにまわしながら名前のアイディアを出していきます。パスありで，できるだけたくさんのアイディアを出すようにします。担任はトーキングスティックを渡したら，黒板に出されたアイディアをすべて書いていきます。

クラス会議で学級全体のことを話し合い，一つのアイディアに絞らなければならない場合は，アイディアを出し終わったら，わからないアイディアについては質疑をし，多数決で一つに決めます。賛成意見や反対意見を言いたくなるところですが，あまりそこに時間をかけると，クラス会議を恒常的に行うのが難しくなります。もちろん，ときには，賛成，反対の意見をじっくり話し合うのもよいでしょう。

## 【勇気づけの対応】
### 三つの方針で話し合いを行わせる

　「では，いよいよ，実際の問題について話し合いたいと思います。そのとき大事にすることは，①人を責めない，責められたら人は協力する気持ちを失います，②自分に何ができるのかを考える，③命令しない，人にお願いするときは相手がやるかやらないか選択できるようにする，の三つです」

　「Ｎさんに聞きます。この問題がどうなったらよいと思いますか。Ｋ君に掃除をさせたいですか，それともＫ君と一緒に掃除をしたいですか」

　「Ｋ君と一緒に掃除をしたいです」

　「それなら，Ｋ君と一緒に掃除をするには，どうしたらよいのかについてだったら，クラス会議で話し合えますが，いかがですか？」

　「わかりました。お願いします」

　「Ｋ君，Ｎさんはあなたと一緒に掃除をしたいと言っていますが，どうしたらできるか，クラス会議で話し合いたいと思いますがどうですか」

　「僕もＮさんに言いたいことがあるので，話し合いをお願いします」

　このように，両者に話し合いの意思を確認します。場合によっては名前を出さず「ある人」としてもよいですが，その人を責める会議ではないということがわかると，名前を伏せる必要がなくなります。

　「Ｎさん，どのような問題なのか説明してもらえますか」

　「はい，Ｋ君についてなんですが，同じ班で掃除をするときにやってくれません。私や他の人も，やるように言うのですが，掃除道具を持ってだらだらしてばかりいます。私はＫ君に掃除をさせたいというよりも，一緒にやりたいと思うのですが，どうしたら一緒に掃除ができるようになるのか話し合いたいです」

　問題が起こったときのＮさんの気分（感情）を聞きます。

　「そういうときは，どんな気分になりますか」

　「自分ばかり掃除をさせられていて損した気分になります」

「問題がすっかり解決したらどのようになっていますか」

「もちろん，K君も一緒に掃除をしていて早くきれいになります」

K君に今までのことを聞いて思ったことを尋ねます。

「K君，今までのことを聞いて，どのように思いましたか」

「Nさんはああ言うけれど，僕がしないのにはわけがあります。それは，いつもやる仕事をNさんが決めたり，さぁ，ちゃんとやるよ，みたいに，上から言われたりするからやる気が起きません」

「それはやらない理由にはならないと思います。Nさんにそのことを言いましたか」（他の子どもがトーキングスティックを要求して発言）

「どうやら，解決の糸口が見えてきたみたいですね。どのようにすれば，Nさんが言ったように問題が解決するか，考えてみましょう。K君，解決した場合の感じはNさんが言ったのでいいですか」

「はい，大丈夫です」

「Nさん，K君，みなさんに，解決策を聞いてみますか」

「はい，お願いします」

「仕事を話し合って決める」「仕事の順番を決めておく」「黙って掃除をする」「さあやるよというのは，かけ声のようなものだから気にしない」「やるよではなく，やろうと言えばいい」「K君がやる気になるまで，他の班員で一生懸命やればいい」「K君に仕事をまず選んでもらえばいい」

様々な解決策が出された後，議題の提案者が解決策を参考に明日からどうするかについて発表します。この話し合いのときは，「仕事の順番を決めておく」と「K君がやる気になるまで一生懸命やる」がNさんに選ばれました。

翌日，NさんはK君にも声をかけ，仕事の順番の表をつくり「もしよかったら，今日から一緒に掃除をしよう」と誘ったそうです。

## Case 17 給食指導のとき
### 誰の課題かを意識する

「先生は，クラスのみんなが気持ちよく過ごすためのどんな協力にも感謝します」このように子どもたちに呼びかけることが，自然にできるでしょうか。この呼びかけにはアドラー心理学のエッセンスがつまっています。子どもたちの共同体感覚（「所属感」「貢献感」「信頼感」「自己受容」）を育む呼びかけなのです。

## Case

今日の給食のメニューは中華丼です。文句なしで，人気メニューナンバーワンです。特にウズラのたまごは数の多い少ないでトラブルのもとになるほど……。はりきる先生，具をよそう子どもに近寄って……。

【ありがちな対応】

「O君，みんなに公平になるように配ってね。特にウズラのたまご，けんかのもとだから，みんなに2個ずつ入るように気をつけて」

居心地のよい，みんながハッピーでいられる学級は誰がつくるのでしょう。先生はどうやらご自身の頑張りだけですばらしいクラスをつくらなければと思い込んでいるようです。O君は心の中で「そんなの言われなくてもわかってるし……」そう思っているでしょう。「O君，上手に配れたね」とほめたとしても，O君の共同体感覚は育ちません。

【勇気づけの対応】

「O君，去年はおかずの配り方で問題が起こったんだ。みんながハッピー

になれるように配ってもらえるかな」
　「あ，はい，わかりました」
　「ありがとう，よろしくね」

　これではどうでしょうか。信頼感が伝わり，貢献感も育つのではないでしょうか。もう一つ，給食のケースで考えます。

## Case
　小学校1年生が給食の時間に，「先生，箸，落としちゃいました」とわざわざ担任の先生に言いにきました。

【ありがちな対応】
　「あら，お箸落としちゃったのね，お休みの人の分があるから，使いなさい。ほらあそこ……」

↓

【勇気づけの対応】
　「そう，お箸落としちゃったんだ。ちゃんと言いにきてくれたんだね。さて，どうしたらいいと思う？」
　「あそこの，お休みの人の分を使っていいですか」
　「どうぞどうぞ使ってください。今度からは，先生に断らなくても大丈夫ですよ」

　ありがちな対応をする先生は，往々にして，日常的に子どものかわりに課題を解決しています。教室の中に依存の構造が次々とできあがります。
　二つのケースにおいて共通するのは，「誰の課題か」です。つまり，あなたと私の課題を分ける，ということです。実は学校には，この「分離」がうまくいっていない「不安感の強い子ども」が少なくありません。Case18で詳しくみてみましょう。

## Case 18 解決方法を自分で考えられないとき
### 課題を自分自身で考えさせる

　Case17では，教師に自分の問題の解決を肩がわりさせようとする子ども
が少なくない，ということを考えました。それに対して，その子どもに解決
の方法を考えさせ，選択させ，行動できるように勇気づけるということにつ
いて考えました。

　別のケースであらためて課題の分離について考えていきます。

### Case

　Pさんは比較的大柄で，家ではよく食べるそうです。しかし，学校で
はとにかく食べるのが遅く，担任の先生はPさんがボーッとして箸を動
かさない様子に，いつもイライラさせられていました。

【ありがちな対応】

　「Pさん，ほら，またボーッとしてる。早く食べようと思えば食べられる
でしょう。頑張って」

　そう声をかけられると，きまってすぐに食べ終わる。

　「ほらやっぱり。昨日もそうだったでしょう。声をかけなければ食べられ
ませんか」

↓

【勇気づけの対応】

　声をかけずに，そのまま待つ。やはり食べきれずに残すことが続くよう
であれば……。

　「Pさんが，給食を食べきれないのを見て，先生は心配なんだけど，どう
したのかな？　何か考え事をしていて，箸が止まっていることが多いように

見えたんだけど」

　給食を食べるのは，もちろんPさんの課題ですから，教師がかわりに食べさせることはできません。しかし，遅い様子を見て，心配だという担任の気持ちはPさんに伝えたいところです。

　この場合Pさんの目的はいつも声をかけてくれる教師の注目だと考えられます。教師は，給食のときだけでなく，Pさんの適切な行動に日常的に注目する必要があります。まずは，朝会ったときに「Pさん，おはよう」と声をかけましょう。もう一つ別のケースでも考えます。

## Case

　Qさんは以前から登校をしぶることがありましたが，5年生になって特に月曜日は遅刻が増え，欠席する日さえ出てきました。母親は毎日のようにQさんをなだめ，励まし，ときには叱り，なんとか学校に連れてきてはいましたが，その努力を続けることが難しくなってきました。

【勇気づけの対応】

　「お母さん，よく連れてきてくださいましたね。大変だったでしょう。Qさんはおうちに帰ると学校のいろいろなことが心配になってしまうんだね。もしよかったら，先生にその心配を詳しく聞かせてくれませんか」

　このときに特に大切なのは「Qさんは○○のことが心配だったんだね」と，心配の主はQさんであることを押さえ，「そのことは学校にきてみてどうでしたか」と結果をQさん自身に振り返らせることです。

　不安感の強い子どもは，非常に慎重でもあるので，勇気づけの対応がすぐに効果をあらわすとは考えにくいです。しかし，「私が○○という不安を感じ，本当はこうであった」というように，その感情と結果についてこちらが肩がわりして説得しようとしないで，本人の課題とすることが重要です。

## Case 19 他の子どものサボり情報がもたらされたとき
### 共感的に話を聞く

アドラー心理学は共感の心理学です。なぜなら共感こそ，アドラー心理学が教育や子育ての目標とした「共同体感覚」の育成になくてはならないものだからです。そして共感を「相手の目で見，相手の耳で聞き，相手の心で感じる」と定義したのも，ほかでもないアドラーなのです。

「先生は話を聞いてくれない」。つらい一言ですが，意外とよく聞きます。教師は聞いているつもりだし，話の内容だってちゃんとわかっている。しかし，子どもにとっては「聞いてくれない」のです。それはどういうことでしょうか。

それは，教師の「共感性」が問われていると考えられそうです。つまり，話は聞いていても，共感的に話を聞いていないということです。具体的に考えてみましょう。

## Case

「先生，R君がまた掃除してくれません」と子どもが言いにきました。

【ありがちな対応】

「また？　じゃあR君を連れてきなさい！　……R君何回言ったらわかるんですか。Sさんも困っていますよ。一人で掃除させられる人の身になってみなさい！　わかった？　わかったなら返事！」

「はい……わかりました」

「Sさんいい？」

「はい，いいです」

↓

【勇気づけの対応】

「また？　それってどういうこと？　もう少し詳しく聞かせてくれるかな」

「この前も掃除しないで水道のところに行って遊んでいたんです。だから掃除をしてって言ったんだけど，やってくれなくて，反省会で今度やらなかったら先生に言うって言ったんです。それで今日は先生に」

「そう，一人で掃除やらされたら，先生だったらイライラして怒っちゃうけどどう？」

「ほんとむかつく」

「そうだよね，むかつくよね。なんか先生までむかついてきちゃったよ。むかつくから，ちゃんと掃除しろって怒って言えばいいかな」

「よけい掃除しなくなる」

「じゃあ，R君に掃除させたいって感じ？　それとも，R君と一緒に掃除したいっていうこと？」

「協力してもらいたい」

「つまり一緒に掃除をしたいっていうことだよね」

「はい」

「どうしたら，一緒に協力してもらえるか，考えてみようか」


どうでしょうか。「共感」がどのような役割を果たしているのか，考えられたでしょうか。忙しさゆえについ，すぐに問題を解決してしまいたくなるのですが，問題解決の主人公は子どもです。共感的に話を聞くことにより，主体的に問題を解決しようという意欲を引き出すことができるのです。

## Case 20 整列でおしゃべりばかりのとき
### 適切な行動をアクティビティで学ぶ

## Case

「先生，うちのクラス，並ぶのに時間がかかりすぎて，いつも集会にギリギリで，困っちゃっているんです。なんとかなりませんかね」

このような相談を受けました……。

T先生は「ありがちな指導」を繰り返し，問題が改善されるどころか，かえって悪化しているようにも感じるのだそうです。T先生の「ありがちな指導」とはどのような指導だったのでしょう。

T先生の学校では毎週金曜日の朝は体育館で集会があります。ここで１クラスだけ遅れてしまうと学校全体に迷惑がかかるので，先生たちも遅れまいと必死です。それなのに，T先生のクラスの子どもたちは教室を出る際，いっこうに並ぼうとせず，ぺちゃくちゃとおしゃべりをしています。

T先生は静かにさせ，まっすぐに並ばせてから出発したものか，とにかく遅れないように今の状態でも体育館に行くように指示を出すか逡巡していました。「早く並びなさい！　並ばないと出発できないぞ」やや大きなT先生の声に，しぶしぶ並ぶ子どももいましたが，二～三人の子どもはどこ吹く風，全く応じないどころか，教室の机の間で追いかけっこを始めました。

「おい！　いいかげんにしろ！」たまらずT先生がU君を追いかけると，今まで並んでいた子どもまでもがざわつき，追いかけっこをはやし立てます。「U逃げろ！」その声にT先生も堪忍袋の緒が切れました。「もういい！　今並べている人だけで行く！」

五～六人に増えた並ばない子を教室に残し，体育館に移動しました。「あいつらさえいなければ」そんなことまで考えてしまう自分にT先生はさらに

自己嫌悪に陥りました。

## 【ありがちな対応】
### 注意を繰り返すうちに，問題がエスカレートしてしまう

　人間は弱い生き物です。ですから，ポジティブな出来事よりも，ネガティブな出来事に注目・関心が向きがちです。なぜなら，いつでも危険を察知して対処する必要があったからです。

　T先生はU君たちの不適切な行動に対して，注目し，行動をエスカレートさせてしまいました。U君たちの行動の目標は何でしょう。そう，「過度の注目・関心を得る」です。最終的には「僕一人を追いかけてくれるT先生」という，独占状態をつくってしまいました。

　さらに，周囲の子どもたちは，U君のこのやり方をまねるようになります。なぜなら，不適切な行動で注目・関心を得るのはとても簡単そうに見えるし，実際に簡単だからです。

　全員が体育館に時間どおりに行くことは，今日はあきらめなければならないかもしれません。教室に残る子どもを他の職員にみてもらえるようにお願いをするしかないでしょう。T先生は集会でも気が気でないでしょうが，教室の子どもたちは腹をくくって任せ，集会に参加している子どもたちの担任として，しっかり指導するべきです。

　U君たちへの指導は時と場所をあらためます。集会で話されたことを，参加した子どもと一緒に振り返ります。そして「集会に行くときは素早く並んで，時間どおりに体育館に行かなければならないと，先生は思いますが，みなさんはどうですか？」と聞きます。また，黒板にカラー磁石をグニャグニャに曲げて貼ったものと，まっすぐに貼ったものを見せ「みなさんはどちらがいいですか」と聞きます。感覚的にまっすぐ並んだ方を選ぶ子どもばかりだと思います。

　このとき，U君などは「グニャグニャの方がいい」と発言するかもしれま

せん。あえて，不適切な意見を発表することで，注目・関心を得るという目標を立てているわけです。不適切な発言の際の対応についてはCase14でふれたように対応します。ここでは「U君はグニャグニャの方がいいんだね，理由を聞かせてくれますか」と一つの意見としてきちんと取り上げます。

　無視や説教は，U君の目標を「過度の注目・関心を得る」から「権力闘争に勝つ」へとより深刻にしてしまいます。ここで，クラス会議の経験が役に立ちます。「輪をつくる」ワークを応用するのです。

　「まっすぐに並ぶ方がよいという意見が多かったのですが，みなさんは教室の後ろに何秒ぐらいで並べると思いますか？」と問いかけます。そして，大方の意見で目標時間を決め，実際にその時間で並べるかチャレンジするのです。大体30秒前後の意見が経験上多いですが，長すぎる，短すぎる場合は平均をとって，やはり30秒くらいを目標にします。ストップウォッチではかり，やや大げさに，時間を発表します。

　目標を達成できたときには「おめでとう！」と称賛し「なぜ，クリアできたのでしょう？」と子どもたちに問いかけます。「みんなが素早く行動したから」「〇〇さんがゆずってくれたから」「協力したから」などの意見が出るでしょう。「みんなが協力して，素早く行動できたんだね。ゆずり合うこともできたんだね」と確認しましょう。

　目標を達成できなかった場合は，「どうしたら目標をクリアできると思いますか」と問いかけます。そして出された意見を板書し「みんなのアイディアを生かして，まっすぐに，目標時間内に並べるように頑張ってください」と言って，

再チャレンジします。そしてクリアできたときには「みんなのアイディアのおかげで，クリアできましたね。このクラスは目標達成のためにアイディアを出し合い協力できるクラスなのですね」とはっきりと言います。何度か繰り返してもよいでしょう。

　このクラスのチャレンジの様子は，ぜひおたよりにのせ，家庭からも意見をもらえるようにお願いしましょう。連絡帳に書かれた意見を子どもたち全員に読んであげることで，適切な行動（共同体感覚を発揮し，その結果としてさらに「所属感」「貢献感」「信頼感」「自己受容」が育つ行動）へと勇気づけられます。

　さて，U君ですが，そもそもまっすぐ並ぶことに反対なのですから，このチャレンジには参加しないことが考えられます。「U君もやってみる？」と問いかけ，ノーであったら，「じゃあ，時間係をやってもらえないかな？」というように，何か役割をお願いするとよいでしょう。不参加者が多かった場合は，「よく見ておいてください」とお願いしておき，終わったら「どうでしたか」と聞くとよいでしょう。


【勇気づけの対応】
　過度な注目をせず，適切な行動を学ぶアクティビティに取り組む

## Case 21 宿題をやってこないとき
### 宿題をやってこない事実に向き合う

　少し前の調査になりますがベネッセの調査（「学習基本調査・国際6都市調査［2006年〜2007年]」）によると，世界の主要6都市を比較したところ，日本の子どもの家庭学習にかける時間は，二極化の傾向にあることが示されています。中学受験の有無が二極化の要因であると考察されていますが，その傾向は東京に限らず，地方でも今後強まっていくことが考えられます。

　クラスの中でも，特定の子どもが宿題を出さないことはよくあります。もうあまり見られなくなりましたが，かつては宿題の提出の有無をグラフ化し，教室に貼り出すことがよくありました。毎日提出している子どもは気持ちがよいものですが，提出率の悪い子どもはそのグラフを見るたびに「僕はだめな子どもだ」と自己否定感を強めていったことだと思います。その上，授業参観の日もそのグラフは貼ってあるのです。恥をかかせる懲罰が横行していたことはなげかわしいことです。そういった指導がほとんど見られなくなったことは喜ばしいことではありますが，その根底にある未提出者に対する意識は，今もまだあまり変わっていません。

　つまり「宿題をやってこない子どもは悪であるから罰を与えなければならない」という意識です。

## Case

　V君は前担任からも「宿題をやってこない子ども」と聞いていましたが，学年当初，はじめての授業参観がある辺りまでは，よく提出していました。W先生は，「はじめだけだろう」と思いつつ，自分の関わり方がうまいのかもしれない，これからずっとやってくるかもしれないと期待していました。

　「宿題全員提出が連続15日！　このクラスのみんなはよく頑張ってい

ます！」おたよりにもそのように書き，順調なすべり出しを喜んでいました。しかし，それもつかの間，Ｖ君は突然，宿題をやってこなくなりました。

W先生は黒板の隅にＶ君の名前を書きました。無意識的にしたやってこないことへの罰でしょうか。Ｖ君を呼び「Ｖ君，今日宿題が出されていないけれど，出し忘れかな？」と聞くとＶ君は黙ったままです。「やってこなかった？」と，やさしく聞くと，Ｖ君はかすかに首を振り「家に置いてきた」と答えました。

「だめじゃないか！」Ｖ君はW先生のその声にビクッとし，下を向き涙を浮かべました。「宿題は休み時間にやりなさい。終わったらここに出すこと」

W先生は，Ｖ君が宿題を出さないわけについて考えるかわりに，頭の中で「これで連続15日の記録がパーになった」となげいていました。

翌日，またＶ君の宿題が出ていないことに気づいたとき，W先生は途方に暮れてしまいました。

## 【ありがちな対応】

Ｖ君ができていないことを強く指摘し，教師が定めたクラスでの目標の責任を負わせるような発言をする。

では，宿題忘れのＶ君を勇気づけるにはどうしたらよいでしょうか。まず「宿題忘れ＝悪＝罰」の呪縛から逃れなければなりません。「宿題をやってこないことにはわけがある」「宿題をやってこない子どもこそ罰を与えるのではなく，勇気づけが必要」「そもそも宿題の目的は何だったのか」このように変換することで，Ｖ君への勇気づけの可能性が見えてきます。

「今まで15日間もずっと提出してきて，よく頑張ってるなと思っていたけれど，今日やってこなかったのには，何かわけがあるのかな」そのように聞くと「面倒くさいから」との答えが返ってきました。この言葉にキレてしま

ったら元も子もありません。子どもの「面倒くさい」にはわけがあるのです。

「面倒くさいって，ずいぶんなげやりな感じだけど，そうなっちゃうわけがあるのかな？」このように聞いていくとよいでしょう。背景として考えられるのは，難しい，他にやりたいことがある，スポーツ少年団で疲れてしまった，母にやれと言われて頭にきた，等々。これをいいわけととらえず，そんな中でも，今までやってこられたことを確認し，どうしてやってこられたのかを聞いてみます。「先生が○○日って言ってたから」「協力してくれていたんだね。ありがとう」と話すことで宿題をめぐってV君と対立することを避けることができます。対立していたのでは，宿題をやるやらないの綱引きが延々と続くことになりかねません。子どもと協力関係をつくること，これが問題解決のカギになります。

それでは今後どのように勇気づけていけば，V君は宿題に取り組むようになるでしょう。

例えば，V君から休み時間を取り上げるような形で罰を与え，そうなりたくなかったら宿題をやってくるようにとコントロールすることは，V君に対する尊敬の念を欠いた指導法です。そもそも，宿題は何のためにあるのでしょうか。V君が宿題をやってこない背景を考えてみたでしょうか。宿題をやってこなくてよいとしてしまうのは，放任です。やってこないということにじっくり向き合うことが，勇気づけの対応です。

## 【勇気づけの対応】
### V君が宿題をやってこない事実にじっくり向き合う

「V君，宿題のことで，お話しをしてもいいかな？」と，まず，宿題について話すことをV君と合意します。ここで合意を得られなければ，機会をあらためます。合意を得られるようにするためには，宿題というV君にとって向き合いたくない課題について話せる関係にならなければなりません。そうなるためには，V君のよい面を積極的に認めることです。日常的な勇気づけ

が必要です。日常的な勇気づけについては他の章を参考にしてもらい，それらによって，宿題という課題にも向き合える関係をつくっていきます。

　「宿題について話してもよいか」と聞いただけで，その翌日からやってくるようになる場合もあります。その場合は，話し合わなくても，自分のことは自分で考え，決めることができるというV君の意思の表れだと受け取ってよいでしょう。しかし，しばらく宿題の未提出が続くようであれば，他の部分での勇気づけをしながら，この問題について話し合う機会をもちましょう。

　「やはり，宿題についてお話しをすることがV君にとって必要だと先生は考えるのだけど，どうだろう」このように語りかけるとよいでしょう。話し合いに応じてくれたなら，感謝の気持ちを伝えるべきです。なぜなら宿題は出す方にとっても，出される方にとっても課題であるので，V君が話し合いに応じるということは，教師の課題解決にとってもなくてはならないことだからです。なぜ宿題を出すのかについて，V君に説明する必要があるでしょう。学校で学んだことをよりしっかりと定着させるために宿題はあるのだといえますし，例えば反転授業などアクティブ・ラーニングの手法を用いるのならば，授業をより活性化させるためにも宿題は役立ちます。これらのことをわかりやすく丁寧に説明した後「V君にも宿題に取り組んでもらい，もっと学習が楽しくなるようになってほしい」と伝えましょう。

　宿題を出せない背景にはどのようなものがあるのか，整理してとらえておくことが必要です。例えば，次の項目を示して，一緒に考えてもよいでしょう。①面倒に感じる，②難しい，③量が多い，④他にしたいことがある，⑤他にしなければならないことがある，⑥宿題をやれる環境がない，⑦やる気が起こらない……考え得る理由をV君に示し，その中から最も近いものを一つ選んでもらいます。例えば⑥であるのならば，学校でやっていってしまうとか，家の中で学習できるスペースを確保することについて，保護者と相談してもよいでしょう。

# 友達にわざとぶつかる子がいたとき
適切な行動（当たり前な行動）に注目する

「不適切な行動には目的がある」。アドラー心理学ではそのように考えます。そして，その行動によって最も感情的に影響を受ける相手を，相手役と考えます。つまり，子どもは不適切な行動をすることによって，相手役である誰かに対して，①過度の注目・関心を得る，②権力闘争に勝つ，③復讐する，④無気力・無能力であることを誇示する，の四つの誤った目標を立てて相手役との関係に「所属する」という目的があると考えるわけです。

　例えば授業中，机をがたがたさせることで教師をイライラさせる子どもがいます。この子どもの目標は①の過度の注目・関心を得るです。相手役は担任。イライラさせることで，自分に常に注意を向けさせることに成功しています。

　小学校2年生のX君は授業中じっとしていられず，集中の糸が切れると教室を飛び出し，トイレに行ったきり帰ってこず，校舎の外の水たまりに石を投げ込んで遊んでいたり，図書室に行って好きな動物の図鑑をいつまでも見ていたりする子どもです。教師はこのような子どもをほうっておくことはできません。何らかの対応を迫られるのですが，その都度対応しても同じことが繰り返されるため，だんだんと疲弊していってしまいます。このような子どもに対して，支援員などの加配があると，担任の負担は少し軽減されることもありますが，今度は支援員がマンツーマンの関係にいきづまり，疲れ果ててしまうということも散見します。このような子どもの場合，教師が自分の思いどおりに子どもを動かそうとするタイプであるほど，苦戦を強いられることが少なくありません。

## Case

> Ｙ君は誰かれかまわずぶつかりながら歩くということが頻繁に見られました。ぶつかるといっても，ひどくぶつかるわけではないので，周りの子どもたちも「まったく」といった感じであまり相手にはしていませんでしたが，しつこく繰り返されたことで，いよいよ担任のＺ先生に「ぶつかってきていやだ」という訴えがきました……。

　Ｚ先生も今まで何度か注意はしてきましたが，いっこうにやめず，かえって頻繁になってきており，どうしたものかと悩み始めていたところでした。そして，「ぶつかっている」現場を押さえようと目を光らせていたところ，目の前で友達に肩をぶつけていました。「ちょっとＹ君，お友達にぶつかったらだめでしょう！」「え？　ぶつかってないし」「今ぶつかっていました，ちゃんと見ていましたよ！」「知らなーい」そう言い残して教室から飛び出していってしまいました。Ｙ君のぶつかる行為はその後も続いてしまいました。Ｙ君の目標は注目・関心を得ることでした。Ｚ先生はまんまとその無意識的な術中にはまってしまったわけです。Ｙ君はＺ先生の対応から「友達とぶつかると先生に注目してもらえる」ということを学んでしまいました。

### 【勇気づけの対応】
　適切な行動（当たり前な行動）に注目する

　どうすればよいのでしょう。不適切な行動に注目しないようにするのです。ではＹ君を無視するのか。そうではありません。日常的なＹ君の適切な行動に注目するのです。特別よいことをしたときというわけではなく，当たり前なことであっても，例えば，学校にきたということだけでも，「Ｙ君今日も一緒に勉強頑張ろうね」と朝に声をかけることで，適切な行動（登校する）に注目したことになります。適切な行動への注目が増えた分，不適切な行動への注目の割合が減っていきます。その先にＹ君の行動の変容があるのです。

## Case 23 好き嫌いが激しい子がいたとき
### 克服することの意味を話す

　今の学校では，何が何でも完食させようとするような指導はみられなくなりました。無理に食べさせるという行為は，場合によっては精神的，肉体的な苦痛を与える体罰になりかねません。アドラー心理学の視点で考えても，食べるという最も主体的な行為を強要されるということはあってはならず，勇気くじきにほかなりません。

　しかし，だからといって好き嫌いがそのまま放置され，食べられないものは食べなくてもよいかというと，そうではありません。アレルギーでない限り，食べられるものの種類が多い方が，栄養のバランスの上でも，食文化を豊かに楽しむという上でも望ましいでしょう。今まで食べられなかったもの，知らなかった「おいしさ」に気づくことができるということは，その子どもの世界が広がるということです。私たちはどのように勇気づけ，食べられるようになることを応援していったらよいでしょうか。

### Case

　「このクラスでは，嫌いなものも，一口は食べる，そういう給食の約束です。ちゃんと一口食べたかどうかチェックしますから，先生に見せてください」このように言われたＡさんは，あの嫌いな魚を食べなければならないと思い，うんざりしてしまいました。うんざりどころか「学校に行くのいやだな」とまで思い始めていました。

　Ａさんは学校へはきたものの朝から魚のことで頭がいっぱいで，学習どころではありませんでした。はじめは，給食の前に具合が悪くなったと保健室に行けばいいと作戦を考えていましたが，3時間目あたりから，本当に具合が悪くなってきて，吐き気をもよおしトイレに駆け込みました。

**【勇気づけの対応】**
**　好き嫌いを克服する意味を話す**

　「給食の好き嫌いについてお話しします。誰もが食べ物の好き嫌いがあります。先生もセロリとかパクチーとかは苦手でした。でも，ついこの間，パクチーに挑戦して，克服しました。タイ料理の辛いラーメンに入っていておいしかったんです。びっくりしました。またパクチーを食べたいと思いました。食べ物で嫌いなものがある人は，そのもののおいしさを知らないか，その味に慣れていないかのどちらかです。嫌いなものに慣れたくないと思うかもしれませんが，誰もが楽しめるその味のよさを知らないままでいるよりも，みんなと一緒に『おいしい』と味わえた方が先生は幸せだと思いますが，どうですか」

　やや，冗長になってしまいましたが，自分の経験とあわせて，好き嫌いを克服することの意味を丁寧に話しました。

　「好きなものは好き，嫌いなものは嫌い，だけどそのもののおいしさってどんなものなのか知りたい」そんなワークをしたことがあります。カードに自分の好きな食べ物と嫌いな食べ物をそれぞれ最大三つずつ書いていきます。そして，その後，カードを見せ合いながら，好きなものと嫌いなものを，一対一で紹介し合います。その中で，「好きなものが同じ，嫌いなものが同じ」場合は１点，「自分が好きなものを相手は嫌い，とその逆」は２点として点数を加算していきます。２点の場合は特に相手に伝わるように，そのもののおいしさを教えてあげる，というものでした。

　「魚の皮は焼いてあるとパリパリしていて香ばしいよ」「野菜はお肉とかと一緒に食べると，食感がいいんだよ」「トマトは甘くてフルーツみたい」など，小学校４年生でしたが様々な表現で好きな食べ物をアピールしていました。

　このワークだけで嫌いを克服することは望めませんが，心が動いたことは確かです。長い人生の中で，少しずつ食の世界を広げてほしいものです。

## Case 24　忘れ物がひどい子がいたとき
### 一緒に解決策を考える

　忘れ物が多い子どもは各クラス二～三人はいるものです。特にひどい子どもは毎日のように様々なものを忘れます。教科書を見せる友達はたまったものではありませんし，忘れてくる本人が一番困っているはずです。「いえ，全く困った様子がなくて」そういう担任や保護者の声が聞こえてきそうですが，いちいち全部困っていられないくらい，困ることすらできないくらい忘れてしまう，そう考えてみてはどうでしょうか。

　アドラー心理学では不適切な行動には目的があると考えてきました。とすると，忘れ物にも目的があると考えられます。無意識的な目的であるので，本人にどうして忘れ物をするのかと尋ねても，答えは返ってこないでしょう。目的は第三者が想像するしかありません。想像の手がかりは，忘れ物をすることで本人は何を得ているか，ということです。うわばきを忘れると「またか」と言われながら忘れた子ども用のスリッパを貸してもらえる。消しゴム貸してと言えば，隣の席の子どもが「しょうがないなあ」と言いながら貸してくれる。隣の子どもが先生に苦情を言えば，もしかしたら先生がかわりに消しゴムを渡すかもしれない。この子どもは「借りる」というやり方で他の人をイライラさせるということで所属しているのです。

## Case
「先生，教科書忘れました」とB君が言ってきました……。

「え？　B君，また忘れたの，こりないなぁ，もう今日は貸しません」

　これは，一見すると，不適切な行動（忘れ物をする）に対して，引き出されてきたサービスを断ち切ることに成功しているように見えます。しかし，このことについてあらかじめB君と話し合っていなかった場合，B君は罰を

与えられたと感じ，注目・関心を得るという目標から，権力闘争へと切り替え，同じことを繰り返すようになってしまうかもしれません。

## 【勇気づけの対応】
　忘れ物をしなかったらどんなによいかを話し合い，一緒に解決策を考える

　忘れ物でいかに困るかと説得するよりも，忘れ物をしなかったらどんなに気持ちがよいかについて，Ｂ君と話し合います。そのときはもちろんＢ君とＢ君の忘れ物がどうやったらなくなるかについて話し合いたいけれどよいかと聞きます。合意が得られたなら，月曜日にしっかり洗ったうわばきをもってきたときの気分を思い出すようにお願いします。想像できたなら，もしもそれが毎週続いたら，どんな感じかも聞きます。

　「今感じたように，来週の月曜日もＢ君に気持ちよく学校にきてもらいたいと思うのだけれどどうですか」

　「はい，忘れずに持ってきたいです」

　「そのためにＢ君はどうしますか」

　「手に書いておきます」

　「今まで，それを試したことがありますか」

　「あります，でもだめでした」

　「他のやり方を試してみる？」

　「いい方法があれば」

　「一緒に考えましょう」

　このように一緒に解決策を考えるということだけで，適切な行動で所属を得ることに成功しているので，解決策がそれほど有効なものでなくても，Ｂ君は月曜日，うわばきをもってくることができるのではないかと思われます。

　家庭の事情や発達の特性など，忘れ物の背景には様々なものがあります。そこを理解した上で，なお，本人が主体的に問題解決に向き合えるように勇気づけることが必要です。

## 日常生活場面の「勇気づけ」

### Case 25　登校班で友達のいうことをきかないとき
よりよい解決策を考える

## Case

　登下校のトラブルについて，子どもから次の訴えがありました。

「先生，登校班でC君がちゃんと並んでくれません」

「そう，それは困りましたね」

「はい，先生，C君に言ってもらえますか」

「なんと言えばいいですか？」

「怒ってください」

「怒る」

「はい，今度からちゃんと並ぶように，先生から言ってくれればいうことをききますから」

　このようなケースの場合，登校班の指導で，子どもたちの自治的な力を育てておかないと，登下校時に現地に出向きそこで指導をしなければならないなどということになりかねません。D先生は，C君をさっそく休み時間に呼び出し，指導することになりました。しかし，C君にはC君の言い分があり，自分が本来並ぶべき場所の前後の女子が自分をはさんでおしゃべりをすることがうっとうしく，列を外れるとその女子たちから注意を受けたので，列から一人大きく遅れて歩くようにしたのだというのでした。

　D先生は訴えてきた班長と女子二人，C君を放課後に呼び，C君の言い分を説明しようとしました，すると説明の途中で二人の女子から「おしゃべりなんかしていない」と猛反発を受け，おしゃべりをした，していないの水かけ論になってしまいました。そして，翌朝D先生が登校班の様子を見に行くことになり，加えて，その後どんなに小さな問題でもD先生に訴えてくるよ

106

うになってしまいました。

**【勇気づけの対応】**
　問題の指導ではなく，よりよい解決策を共に考える

　「Ｃ君がちゃんと並んでくれません」
　「Ｃ君にちゃんと並んでほしいんだね。並んでもらえるように，今までどんなことをしましたか」
　このように，まず，子どもが問題に対処しようとしたかを聞きます。
　「ちゃんと並ぶように言いました」
　「どうでしたか？」
　「ちょっとは並ぶんですけど，しばらくすると外れてしまいます」
　「他の方法をためしてみる？」
　「はい」
　「Ｃ君も一緒に考えられるといいね，Ｃ君とも話しましょう」
　「Ｃ君よくきてくれたね。Ｃ君が列を外れるので困るということなので，どうしたらＣ君が気持ちよくみんなと並んでこられるか考えたいのだけれど」
　「僕は前と後ろの女子がうるさいから，外れるんです」
　「じゃあ，並び順を替えたら？」
　「後ろの女子に前にきてもらうということ？」
　「はい，私から，二人に言いますけど」
　「Ｃ君それでいいかな？」
　「そうなれば気にならないので，しゃべってもいいです」
　このように，子どもの中に解決のアイディアはいくつもあるのですが，それに子どもたち自身が気づいていないということがあります。気づく前に，教師がかわりに解決してしまったり，解決の方法を教えてしまったりすることでそれをはばんでいることが少なくありません。

## Case 26 運動会指導のとき
子ども同士がつながるように支える

「忙しくて，一人ひとりの子どもにそんなに関わってはいられない」。たしかにそのとおり，教師一人では限界があります。

そこで，子ども同士の関係の中で勇気づけができるようにしたいものです。そうすることで，教師はきっかけや媒体として作用すればよいことになります。

指導の場面でみていきましょう。

### Case

E先生は，運動会で応援係の担当になりました。紅白各色の5・6年生に応援団さながらの応援を指導するのは，なかなかやりがいのある仕事です。力を入れて指導することを考えています。

【ありがちな対応】

E先生は応援係の指導初日に向けてインターネットで調べたり，昨年度の応援の様子の映像を見たりして，紅白それぞれの応援係の参考となる資料を，ほとんど寝ずに作成しました。

「これでばっちり」。E先生は各色の応援団長をそれぞれ呼び，応援の資料を手渡し，資料に沿って他の子どもたちに教えるように指示しました。

↓

【勇気づけの対応】

前もって応援係を集め，全員に「どんな応援ができたらよいか」と尋ね，隣同士で30秒間話し合わせます。それを全員でシェアします。そのような応援を先生に教えてもらってするのと，自分たちで考えてするのとではどちら

がよいかを尋ねます。たいていは自分たちで考えたいと答えるでしょう。そこで、そのような応援をするために、①どんな応援を、②どのようにしたらよいかを書き込むワークシートを配り、当日はそれをもとに色ごとに話し合い、応援をつくることを伝えます。

　教師には「こうあるべき」という理想が根強くあります。それに合わせようと指導し、そうなった子どもをほめ、そうならなかった子どもを叱る指導は、両方の勇気をくじきます。子ども同士がつながるように支えることで子どもたちの共同体感覚は育ちます。

　運動会のもう一つの事例も考えてみましょう。

　ずいぶん学校は変わった、変わることができたと思っています。私が小学生の頃は運動会の行進の練習を延々1時間やらされたことがありました。校庭をジグザグと練り歩き、なかなか終わらない練習に「何のために」とうんざりしたのを覚えています。

　半世紀あまり経ち、教師の意識も変化し、これを機会に鍛えてやろうというような根性論から、子どもたちに達成感を味わわせたい、あるいは、自分たちで協力して行事をつくり上げる喜びを味わわせたい、といったものが目指されるようになってきました。

　このように、運動会などの行事で「主体性」が大事にされるようになってきており、子どもたちが自分たちで話し合い、目標を決めて取り組むような運動会も増えてきたのではないでしょうか。

## Case

　集会など、多くの子どもたちが集まる場面が苦手な子どもたちがいます。

　特に運動会の開会式や閉会式などは、ただでさえ大人数が苦手な上、暑いさなかの練習になるので拒否反応を起こす子どももいます。

　その場に座り込んで、地面に絵を描き始める子ども、そもそも練習にはじめから参加せず、遠巻きに練習を見ている子ども……。

「みんなが頑張っているときに，一人だけさぼっているのは許せない」。このような気持ちが働くのでしょうか。テントの中の涼しいところでさぼっているようにしか見えない子どもを，テントから連れ出し開会式の練習に戻そうとする教師がいます。連れ出しはしなくても，その子どもを苦々しく思う教師はさらに多いと思われます。

水を怖がる子どもを，いきなり水に放り込んだらどうなるか。十中八九，水に対するトラウマ体験となり，ますます水を怖がるようになるでしょう。集団を怖がる子どもも全く同じで，無理やり集団の中に入れようとしたら，かえってそれに対する恐怖心を強める結果になります。

水を怖がる子どもを泳げるようにするには，まずは水に慣れることから少しずつ始めます。集団の場合も同じです。運動会の練習の場合は，その子どもと「大丈夫な場面」と「苦手な場面」「絶対無理な場面」について話し合っておくとよいでしょう。

## 【勇気づけの対応】

水を怖がる子どもと集団を怖がる子どもは同じ。まずは集団に慣れることから始め，「大丈夫な場面」と「苦手な場面」「絶対無理な場面」について話し合う。

大丈夫な場面は「なぜ大丈夫なのか」を尋ねてみるとよいでしょう。例えば「競争競技は楽しいから」と答えれば，「競争競技が楽しいって思えるんだね。楽しいといやなことも忘れるんだ」とその子どものポジティブな面を確認します。

苦手だけれど，本人の努力や，周りの配慮や工夫によって参加できるのであれば，それらを「頑張ったら参加できるんだね。でも無理をしないで」とか「先生がそばにいるようにすれば，参加できそうなんだね」などと，苦手な場面でもやり方次第で参加できるということを確認します。このとき，気をつけなければならないのは，本人に頑張りを強要したり，配慮や工夫を押

し売りしたりしないことです。あくまでも本人の意思を尊重することが大切です。

　この場合は、決して無理強いはしないことです。しかし「無理ならば教室で待っていなさい」ではなく、練習期間、当日、その場面ではどのように過ごすのか、一緒に話し合っておきます。例えば、遠くから見ていることができるのであれば「見学という形で参加できるね」と評価します。これらのことは、職員全体に周知し、特に管理職の理解を得ておく必要もあります。

行事での「勇気づけ」

## Case 27 林間学校のとき
目的を意識する

　林間学校につきものなのが飯盒炊さんです。多くの学校で行われ，その目的に「仲間と協力して」という文言があり，自分たちの手で行うことが目指されていることと思います。しかしその実態は，少なくとも小学生の林間学校では，「仲間と協力」や「自分たちの手」が後退し，「効率的で出来栄えのよい」飯盒炊さんが目指されてしまっているように思います。

### Case

　ある学校の５年生は自分たちでつくったお米も加えて，林間学校の飯盒炊さんで自分たちの手でお米を炊き，カレーもつくって食べる計画になっていました。

　指導するＦ先生は，山登りのベテラン。キャンプや野外活動も多くこなし，飯盒炊さんやカレーづくりはお手のものでした。「いいか，みんなで力を合わせて，おいしいカレーをつくるんだぞ，先生は手伝ってと言われなければ，手伝わないからな」と自分が手を出しては意味がないことはわかっていると言わんばかりでしたが……。

　しかし，いざ飯盒炊さんが始まってみると，先生は黙っていられません。「おいおい，薪はそんなに太くて火がつくんだっけ？」「うわぁ，なんだか危なっかしくて見ていられないぞ，大丈夫か」と子どもの仕事に口を出します。明らかにうんざりしている子どもたちをよそに，Ｆ先生はヒートアップしていきます。「それじゃあつかないって……ちょっとお手伝いさせてもらっていい？」返事も聞かずに薪を１本取ると腰につるしたナタをさっと取り，パンパンッと小気味よく割っていきます。わりばしの細さになった薪を，井桁に組み，新聞紙をつめて周りに太い薪を組んでいきました。マッチで１か所

火をつけると，見事，めらめらと燃え上がり，一発で全体に火がつきました。「すごい」子どもたちも目を丸くして感心しています。その流れなのか，危なっかしくて見ていられないと，野菜を刻む仕事まで始めてしまい，「水を入れてみろ」「そうそう，そのくらい，ストップ！」などと指示が飛びます。ぐつぐつと煮えるカレーのふたをとったら「わぁ」という歓声が上がり，F先生の顔も紅潮して満足そうです。スプーンでカレーをすくい「おい味見してみろ」とスプーンを手渡そうとしたとき，子どもが「あーん」と口を大きくあけました。

　飯盒炊さんは子どもたちの課題です。火加減，水加減を調整し，お米を炊き，カレーをつくる。多少芯のあるごはんであっても，ジャガイモがかたくても，自分たちでつくったという経験こそが最高のスパイスのはずです。この例の子どもたちは，家に帰っていかにF先生がすごいのかを話すかもしれません。しかし，手も足も出さず，口だけあけてスプーンを待つ子どもは，赤ちゃんのようです。さすがにF先生はその一件から関わり方をあらためました。以下がF先生の考えた勇気づけの関わりです。

## 【勇気づけの対応】

　「自分たちで」の範囲を明確にし，その範囲では特別に助けを求められない限り，手や口を出さない。計画，準備段階で，自分たちでできるように下調べや練習をする機会を設ける。できたものの味や見た目よりも，それぞれの役割を果たそうとし，力を合わせていることに注目し，そのことが何よりの成果であることを繰り返し全体に伝える。

　誰の課題かを明確に分けることは，人が人となる大切な過程です。人格の完成とは，一人ひとりがかけがえのないその人となることです。そのためには，日々，一人ひとりの子どもを，かけがえのないその人として関わることが大切です。

## Case 28 机に落書きをする子がいたとき
スモールステップで行動変容を促す

　ここまでのケースでも何度か述べてきたように，不安感の強い子どもをいかに勇気づけるかのポイントは，その不安の主は誰なのかを明確にすることと，できればその子どもになったつもりで共感的にその不安を感じてみること，そして，感じた不安がどうであったかについて一緒に振り返ることでした。

　そもそも不安は，将来起こるであろうネガティブな出来事に対して備えておくために引き起こされる感情です。不安は勝手にふくらむのではなく，備えるために意図的につくられるのだとアドラー心理学では考えます。

　つまり，不安はセンサーであるのだから，なければ困るのです。ただし，それに振り回されて必要以上に警戒したのでは，逆に生活を不自由にしてしまいます。

　「今度の遠足は晴れるだろうか」「研究授業はうまくいくだろうか」「今日叱った子どもは，私のことを嫌いになったのではないだろうか」「はたして締め切りに間に合うのだろうか」など，日常的に不安を感じ，それに備え，その出来事に取り組みます。結果，たぶん多くの場合，まあまあ乗り越えているのでしょう。ホッとして，不安に思っていたことなど忘れてしまいます。「不安」は役目を終えるのです。

　しかしこのとき，「不安に感じていたあの出来事を，どう乗り越えただろう」と振り返る癖をつけておくと，不安を味方につけ，不安とうまくつき合っていくことができるはずです。

## Case

　1学期も終わりに近づいた頃，どうも学級内が騒がしく，落ち着きがなくなってきました。特にG君は6月の半ば頃から大変落ち着きがあり

ません。中でも気になるのが机の落書き。落書きなどというレベルでは
なく「作品」といってもよいくらいです。授業中何度か止めましたが,
知らん顔をして描き続けていました……。

【ありがちな対応】
　「G君,描いてはいけませんってあれほど言ったでしょう！　早く消しな
さい。消さないんだったら先生が消しますから。いいですね」
　G君は立ち去る。仕方なく消していると,他の子どもたちが消しゴムを持
ってやってきた。
　「先生,僕たちも消すよ」
　「ありがとう,みんな……（涙）」

↓

【勇気づけの対応】
　「わあ,これはこれは大作だなぁ。これはもしかして,ライトセーバー
か！　すごい表現力だ。先生も『STAR WARS』好きだよ。でもG君,机
は借りているものだから汚してはいけない。これじゃあ,G君,ダークサイ
ドだ。机はできるだけきれいに使ってほしい。消してもらえますか？」

　たとえそのとき消さなかったとしても,使い古しで裏が使える大判の紙を
渡し「今度からこれに描いてほしい」と伝えたいところです。
　授業中に大作を描かれたのでは,まずは授業そのものの改善が急務ですが,
今回のような落書きは単に「悪」と決めつけるのではなく,何らかの表現で
あると受け止めたいです。受け止めた上で,「紙に描く」といったより適切
な行動を提案します。たとえその紙が授業中に使われたとしても,そのこと
には目をつぶりましょう。
　そして出来不出来は関係なく,描かれた作品を一緒に鑑賞したいです。渡
す紙を徐々に小さくし,「休み時間に描いてほしい」と伝えましょう。

# Case 29　友達への問題行動を起こす子がいたとき

ブレーンストーミングでよいところを書き出す

　Case28では，机いっぱいに落書きをするという最悪の状況から，一つライトな状況，つまり，大きめの裏紙に好きなことを描くという段階にスモールステップで移行するという勇気づけの例を紹介しました。

　今回は，この考え方を生かして，友達に暴力をふるう子どもにどのように対応したらよいかを考えてみます。

　アドラー心理学では，子どもの主体性を第一に考えます。したがって，単に子どもの行動が，大人が考える悪から善に変わればよいということではありません。あくまでも，その変容の方向が本人の望む方向に一致するということが大前提です。もちろん，その行動の善悪を最終的に判断するのは本人です。

　子どもたちは暴力をイライラや怒りの表現として使います。イライラしたり怒ったりすることは誰にでもありますが，誰もがそれらを暴力で表現するわけではありません。相手を直接的に傷つける，という最悪の方法から一歩ライトな，イライラしたら「イライラした！」と担任に話す。あるいは，イライラノートをつくり，それに書きなぐる。そうした上で，暴力の背景にある本当の気持ちをゆっくり聞いてもよいでしょう。

　さて，このように，学校で対応することだけでも，だいぶ改善されます。しかし，本人の努力や学校だけの支援で，すべてうまくいくとは限りません。家庭の協力をぜひとも引き出したい場合，どのような対応をすればよいでしょうか。「学校の問題は学校で」「クラスの問題はクラスで」このような閉じた対応は，問題をその集団内で解決できなかった場合，集団外からの協力を得ることが難しくなります。次のエピソードを母親の立場に立って考えてみましょう。

## Case

　H君は１学期の後半になってから，以前に比べイライラすることが増えてきました。特に問題なのは，イライラを友達にぶつけることです。朝の支度でランドセルをロッカーにしまう際，友達にわざとぶつけながら歩きます。「ちょっとぉ」と文句を言う女子に「ごめんね。わざとじゃねーから」と言ってすませています。Ｉ先生は，「どうもイライラしているようだね。わけがあったら言ってください。理由はどうであれ，友達にあたるのはよくない。もう二度としないように」とＨ君の気持ちを汲みとった上で，毅然と指導しました。指導の効果もあって，少し落ち着いたかに見えた矢先，Ｈ君が振り回したランドセルの角がＪさんの目に入りました。Ｈ君とＪさんの保護者に連絡し，問題は一段落しましたが，２学期からの対応についてＨ君の保護者と相談する必要があるとＩ先生は考え，保護者に学校へきてもらい次のように切り出しました。

【ありがちな対応】

「あれから１学期を振り返ってＨ君の行動を書き出してみました」
（たくさんの不適切な行動が箇条書きになっている）

↓

【勇気づけの対応】

「あれから１学期を振り返って，Ｈ君と関わりの深い先生方と，Ｈ君のよいところをブレーンストーミングという方法で書き出しました」
（付箋に書かれたたくさんのよいところ）


「このまま２学期を迎えたのでは，こんなにたくさんあるよいところがむだになってしまう，そう思ったのです。特にイライラとどうつき合っていくのか，お母さんと，Ｈ君と，私たち教師，みんなで考えていきたいと思うのですが，どうでしょう」

## Case 30 保護者から無理な要望が寄せられたとき
### 対立ではなく，協働を目指す

　秋晴れのすがすがしい祝日，地域の運動会で，ラケットに乗せたテニスボールを落とさないようにしながらカラーコーンを回っているとき，楽しいのですが，楽しい一方で「ああ，こんな日にどこか旅行に行けたらさぞ楽しいのだろう」と思ってしまいます。そんなふうに感じながら参加する行事は苦痛で仕方がありません。どうせ参加するのであれば少しでも価値を見出し，前向きな気分で参加したいです。

　例えば玉入れ。大人はどうも線を守らないらしく，カラーコーンを立て，トラロープを張ってその外側から投げ入れます。役員だけでなく，参加者も手伝ってカラーコーンが素早く設置されロープが張られました。さすがにロープをまたいで籠をねらう人はいません。片づけも誰かれとなく手伝います。みんな早く帰りたいのです。私はふと思いました。「これはちょっとした楽しみのある防災訓練と思えばよいのではないか」と。参加者の年齢層は高いです。運動会の機会に顔を合わせるお年寄りもいます。「あのおじいさんはまだ走れるんだ」などと失礼なことを思ったりもします。新学習指導要領では「よりよい学校教育を通してよりよい社会を創る」と述べられています。全く同感ですし，そうあらねばと思います。より多くの住民が価値を感じられる行事もその延長線上にあるのだと思います。

　「特別でなければならない」という信念をもつ子どもが少なくありません。そうでないときは「つまらない」「面倒くさい」そもそも「やりたくない」のです。その背景の一つに，核家族，単独子（一人っ子）で育ったことがあげられます。単独子の場合，いつも両親の関心はその子どもに向き「かけがえのない存在」として大切に育てられます。かつてのように親戚や近所の大人や子どもの中でもまれて社会化される機会がなく，小学校にいきなり入学

し，かなり高度な社会性を求められたとき，「特別でなければならない」という信念をもった子どもは特別な関わりを教師に求めようとしてきます。

## Case

> 「うちの子どもは，国語と算数の授業がいやだと言うんです。その時間は保健室で勉強させてもらっていいですか」

【ありがちな対応】

　こんなことを許していたら，保健室がいっぱいになってしまう。そもそも保健室でさぼりたいだけだろうと考え，「いえ，それは困ります。保健室は勉強をするところではなく，具合の悪い人が手当てを受けたり，休んだりする場所です。国語と算数の授業も，教室で受けるようにお母さんからもおっしゃってください」

↓

【勇気づけの対応】

　「そうだったのですか。ということは今まで相当我慢して，国語と算数の授業を受けていたのですね。そのことに気づいてあげられなくて，○○さんに申しわけないことをしました。お母さんからも，私が謝っていたとお伝えください。ただ，保健室では，十分な学習をすることができないと思いますので，なぜ国語と算数の授業がいやだったのか，どうすれば，学習が楽しくなるのか，○○さんと相談させてください。私も，○○さんが楽しいと思えるような授業をもっと工夫していこうと思います」

　前者は特別扱いしないぞという気負いから，つっぱねてしまっています。これでは保護者と対立関係をつくってしまい，問題解決に向けて「協働」するチャンスが失われてしまいます。子どもと保護者の「いやだ」という気持ちを受け入れ，○○さんがいやであることについて，「特別に」配慮と工夫をしますよ，と伝えるのです。

# Case 31 過敏な子どもが危険な行動をとったとき
感覚を想像し，共感する

　学校は，音，光，においなど様々な刺激にあふれています。それらの刺激に過剰に反応し，そのために学校のある場所に行けなかったり，登校をしぶったりする子どもが増えています。食事や環境の影響でそのような特性をもつ子どもが増えているのだとする見解もありますが，どのような食事や環境がどういう影響を与え，それらをどのように変化させれば刺激に対する過剰な反応が減るのかというような研究結果が出されているわけではありません。

　だとすれば，昔も今も，一定数の過敏な子どもはいたということになります。にもかかわらず，これほど問題になるのはなぜなのでしょう。「社会化される機会を失っているのです」と，アドラー派の精神科医である坂本玲子は説明しています。つまり，核家族化や地域のつながりの希薄化，少子化などにより，子どもたちが自然な人とのつながりの中である程度社会化される仕組みが以前はあったのですが，それが失われたため，そのような特性のある子どももそうでない子どもも社会化されないまま学校に上がってくるというわけです。

## Case

　K君は高い所が大好きで，ある日体育館のギャラリーにいる所を見つかりました。教師が上がれば逃げ回るため，危険性も考え，世間話などをしながらゆっくり近づき，結局はつかまえて，フロアにおろすことになってしまいました。

　このような子どもの行動の背景について考えず「二度と上がってほしくない」という強い願いから，叱責したり，約束をとり交わしたり，上がり口のところに貼り紙をしたりと，対症療法的な指導がなされることが少なくあり

ません。しかし「なぜ高い所に上がるのか」と考えた上での指導でなければ，その場限りの約束や反省に終わることでしょう。

　勇気づけで最も有効なものは共感的理解であると私は考えていますし，共感抜きでの勇気づけもあり得ないと思っています。アドラーが定義した「相手の目で見，相手の耳で聞き，相手の心で感じ」たとき，どのように世界が見え，どのような感情になるのか，しっかり味わうことが必要です。

　では，K君の立場で考えてみましょう。K君は日頃から人と目を合わせることがほとんどないところから，視覚的な過敏さをもっていて人の視線を避ける傾向があることがわかっています。すると，教室は視線の海と言っても過言ではないでしょう。また，集会などで体育館に集まったときなどはさらにその刺激は強まります。視線の海から逃れるためにはどうしたらよいでしょう。教室から出ること，体育館から出ることを禁止されたら，あとは上に逃げるしかありません。まるで，水の中から顔を出し，やっと呼吸できる場所を見つけた，そんなふうに感じているのではないかと私は考えました。

## 【勇気づけの対応】
### K君の感覚を想像し，共感する

　K君自身がそのような感覚を説明することは難しいかと思います。ですから，私たちが想像する以外に方法はありません。K君に対する合理的配慮は，K君の感覚に共感した上で，K君が退出し，視線の海から逃れて休める場所を確保することです。そうした上で，その時間や場所をより合理的で社会性のあるものに徐々に変化させていくような支援がK君には必要です。先に述べたように，徐々に刺激に慣れるという過程は大家族の中や近所の友達集団の中で知らないうちに経験し，学校に上がる頃にはその敏感さは我慢できる程度に落ち着いていた子どもが多かったのかもしれません。今は，家庭や地域にそれを期待することが難しい場合が少なくありません。それではどこがその場所になるのか。学校をおいて他にありません。

## Case 32 物を盗む子がいたとき
### 短所にも共感的に接する

　不適切な行動を考えるとき，その行動でその子どもが何を表現しているのかということを考えると，最も勇気づけを必要としている子どもは，大抵「問題児」と呼ばれる子どもたちであることがわかります。

　そのような子どもたちは，特に言語化することが苦手な子どもたちで，言葉で表すかわりに，不適切な行動で表現します。なぜ適切，つまりよい行動でほめられて認められようとしないのかというと，不適切な行動の方が，簡単に注目・関心を得ることができるからです。現に，私たち教師は，子どもたちのたくさんの適切な行動は見過ごし，不適切な行動にばかり注目・関心を集めてしまうのではないでしょうか。子どもたちはそれを知らず知らずのうちに学習し，「不適切な行動をすれば，注目してもらえる（所属することができる）」と誤った無意識的な信念をもつようになるのです。

　ここでいう注目・関心を得るということは，「目立ちたい」といった単純な意図に基づくものではありません。なぜなら，その目的のために，誰もがやってはいけないとわかっている「盗む」という行為を，べつにほしくもないものにもかかわらずやってしまうのですから。

## Case

　Lさんは盗みの常習犯です。いつも反省している様子はうかがえていたのですが，それが三度四度と重なってきたので，もう少し厳しい指導が必要だと考えるようになりました。

　家庭に連絡をすると，母親も大変恐縮した様子で，すぐに相手方に連絡をするなど，きちんと対応してくれました。そして，学校に母親を呼び，本人と，生徒指導主事のM先生，N先生で「なぜ，盗むのか」と，Lさんを問いつめました。聞くたびに「○○がにらんできたから」など

と，盗まれた子どものせいにして，一応正当化しようとします。しかし，教師や母親が「それだからって盗む必要はないでしょう」ときまり文句を繰り返して，母親を呼んでの指導は終わってしまいます。

「ものを盗っているというより，心というか，誰かにかまってほしいのかな」話し合いの翌日，生徒指導主事のM先生がN先生に話しかけました。「私もそう思っていて，でも，勉強もよくできるし，友達も，あんなことがあるのにけっこう多いし……，最近あまり，ほめてないからかな，お母さんは，ほめて育てているっておっしゃっていたから」

ようやく，Lさんが何を盗んでいたのかが見えてきました。「ほめて育てる」というのは一見すると聞こえがよいのですが，今まで述べてきたように実は大きな落とし穴があります。Lさんの中で「私はほめられているときだけOKである」という誤った信念が生まれてしまうという落とし穴です。誰にもよい面ばかりではなく，負の面，欠点があるはずです。ときにはずるいことを考えることもあるでしょう。Lさんが盗むことで訴えていることは，「欠点も含めて私を受け入れてほしい」ということなのかもしれません。

## 【勇気づけの対応】
　短所にも向き合えるよう，共感的に接していく

「長所も短所も両方あって自分なのだ。長所は伸ばして，短所は直すように努力したり，誰かに手伝ってもらったりする」このような感覚こそ「本物の自己肯定感」といえるのではないでしょうか。自分の長所だけにしがみついていて，短所には向き合えないからこそ，Lさんは盗むという行為に自分の短所を代弁させていたのだと考えます。M先生とN先生は，家庭の教育方針についてとやかく言うのではなく，学校で，まずは自分たちがLさんのよさを認めながら，Lさん自身が感じているであろう劣等感についても共感的に理解し，少しずつふれていくようにしようと，考えました。

## Case 33　友達への無視が発覚したとき
### 介入ではなく被害者とつながる

　人間は社会的な動物です。人と人とのつながりなしでは生きていけません。アドラー心理学では，所属の欲求こそ根源的な欲求であるととらえました。

　「いじめ」をするときに，人はその手段として「無視」をよく使います。目立たない上，強烈に相手を打ちのめすことができるので，無視は多く用いられるのでしょう。無視は暗黙のうちに広がり，ターゲット以外の人は無視をする側としての仲間意識，つまり所属感が高まります。いじめをする側こそ，孤立を最も恐れ，孤立させられるくらいなら，無視をする側にまわろうとするわけです。

　次のようなケースで，どのような対応をされるでしょうか。

## Case

　「先生，みんなが無視します」「無視？　それは気にしすぎなんじゃないかな？　だって，さっきの理科の時間，実験を楽しそうにやっていたじゃない？」「あ，そっか，そうですよね」「大丈夫そう？」「はい，大丈夫です」

　このように，いじめの訴えがあったにもかかわらず，きちんと受け止めない教師はほとんどいないとは思います。しかし，物事をできるだけ楽観的にみようとする無意識の働きや，忙しさや気持ちの上でのゆとりのなさから，「いじめが起こってほしくない」と思い，訴えを受け止められないことは，もしかしたらあるかもしれないと考えておいた方がよさそうです。

　逆に，ことさら大げさに取り上げ，訴え出た子どもの気持ちを考えずに「無視している」という子どもたちを呼びつけ，こんこんと説教をした上，各家庭に無視された子どもがいかに傷ついたかを伝え謝らせるような対応も

避けなければなりません。本人からも，いじめた側の子どもたちからもほとんど話を聞かず，教師の独善的な判断で対応を急ぐと「対応はした，しかし悪化した」という結果になりかねません。

　無視に限らず，いじめはあってはならない行為ではあるけれど，いじめを許さない！撲滅！と叫んでいる教師には，いざいじめがあっても相談しようとは思わないでしょう。それではどのように勇気づけていったらよいでしょうか。まずは「みんなに無視されている」ということを言ってくれたことに感謝の言葉を述べた上で，無視の詳細を聞いていきます。「いつから，頻度はどれくらいなのか，どのような無視なのか，相談する相手として，友達や大人はいるか，話し相手，遊ぶ相手はいるか」などを，丁寧に聞いていきます。自分の訴えを真摯に受け止め，しっかりと内容を聞いてもらえた，ということだけでも，その子どもは教師とつながることができます。

## 【勇気づけの対応】
### 無視に介入するのではなく，被害者とつながっている人を増やしていく

　無視をなんとかやめさせようと直接的に介入すると，かえって問題を悪化させる場合があります。また，被害者の多くがそういった指導を望みません。被害者と被害者に残されたつながりを大事にしながら，少しずつつながることができる相手を増やしていきます。教師や上級生，習い事が同じ友達など，今その子どもを支えているつながりを確認します。

　また，その子どもに用事を頼むなどして「ありがとう」を言う機会を意図的につくっていきます。そのような良質なつながりをコツコツと重ねていくことで，その子どもは元気を取り戻していきます。オドオドとした自信のない態度はかえっていじめを助長します。

　被害者が元気になってきた頃，加害者をどのように勇気づけるのか，考える必要が出てきます。

　「いじめは人間として許されない……」。いじめ指導の中には，非常に厳し

く加害者を糾弾するものがあります。「いじめは人間として決して許されない行為である」という考え方は間違ってはいません。しかし，それを読み違えて，「いじめをする加害者は人間として許されない」と，許されない対象が「行為」から「人」に入れ替わると，途端に加害者を問題解決の協力者として迎える道が途絶えます。

　被害者の勇気づけについて述べ，被害者の元気が回復してきたら，次は加害者を勇気づけることが必要だと述べました。むしろ，加害者こそ勇気づけが必要な対象だともいえます。そして，加害者を勇気づけ，問題解決の協力者となったときこそ，いじめ問題が解決したといえるのだと思います。

　人間は社会的な動物です。人と人とのつながりなしでは生きていけません。アドラー心理学では，所属の欲求こそ，根源的な欲求であるととらえました。

　また，アドラーは「すべての問題は人間関係の問題である」と断言しましたが，その人間関係そのものを「ないものとする」ということは，その子どもの存在を認めないという，存在の根源を否定するものです。ですから，いじめは絶対にしてはならない行為です。しかし，絶対にしてはならないとわかっていながら，いじめの首謀者になる，また，いじめに加担する，そして，いじめの傍観者となる子どもたちは少なくありません。いじめによる最悪の事態は，「いじめ防止対策推進法」が施行されてからも後を絶ちません。

　いじめ防止には，勇気づけの学級づくりが欠かせません。例えば，100点をとった子どもはほめられても，30点の子どもはほめられません。しかし勇気づけなら，100点の子どもも，30点の子どもも勇気づけることができます。授業中「すごい」を連発するよりも，意見を言ってくれた子どもに，よく聞いていた子どもに，ノートをとっていた子どもに，いつもは居眠りをする子どもが起きていたときに，「ありがとう」と伝えることで，教室は勇気づけであふれていきます。教室が競争的なものから，協力的なものへと変化していきます。その結果「いじめを生み出しにくい」学級の風土ができるのです。

【ありがちな対応】

「Ｏさんが，Ｐさんに無視されるって言ってたけど」

「べつに無視なんかしてないし。無視だったらＱさんとかじゃない？」

「Ｑさんもそうだけど，Ｐさんがみんなに無視しようって」

「は？　決めつけじゃない？」

「だって，Ｏさんが言ってたよ」

「だから，Ｏは無視とかされるんだよ」

「じゃあ，やっぱり，Ｐさん？」……

↓

【勇気づけの対応】

「Ｐさん，Ｏさんのことで力を貸してほしいことがあるんだけど」

「え？　私に？」

「Ｏさん最近悩んでるみたいで，Ｐさんだったら先生の相談に乗ってもらえるかなと思って」

「いいけど，今？」

「今じゃなくて，今日の放課後はどうかしら，他にも手伝ってほしいことがあって」

「塾があるけど，4時までなら」

「よかった，とても助かります。ありがとね」


　もちろん，Ｐさんとの関係性がよくないと，このようにはいかないでしょう。ここでいきなり力を貸してもらうのではなく，日頃から意識して手伝いを依頼し，してもらったときには感謝を伝え，連絡帳にもそのことを書き，家庭にも知らせておくのです。下ごしらえも必要です。

## Case 34　いじめの加害者に指導するとき
### いじめっ子にも共感し，劣等感に向き合う

## Case

　いじめ（無視）をしている子と二人で話をする機会を設けることができました……。

　「だって，Ｏさんってさ，空気読まないじゃん？　だから無視されるんだよ。普段から，みんなを無視してるのＯさんの方だよ。こうしてほしくないとか，もうちょっと察してほしいなぁ。特にＱさんの好きな人のこと，Ｏさんが隣のクラスのＲさんに話しちゃったんだよ。あれだめでしょー。だから，Ｏさんと話すのよそうねってことになっちゃったんだよ」

　「うわぁ，そうなんだ，そういうわけだったんだね。でも，それＯさんがわかっていないから，悩んじゃってるんだよね。どうして私が無視されるんだろうって」

　「そこがまた，Ｏさんのだめなところじゃない？」

　「無視以外に，何か方法はないかしら」

【勇気づけの対応】

　本音を聞き出し，共感的に理解する。そして，主観的な事実として受け止める

　「被害者にもいじめられる理由がある」という考えは，一般的にはタブーとされています。しかし，いじめる側にとっては，一方的に「いじめる方が悪い」「だからやめなさい」では納得がいかないのではないでしょうか。上記のような「本音」を聞き出し，それを共感的に理解する。それが，上記の

例にもまして，道義上受け入れがたい本音であっても，いったんは共感することが必要です。例えば「くさい」「ダサい」「自己中」など，その子どもが理由としてあげたことが，たとえ客観的な事実ではなかったとしても，その子どもの主観的な事実として受け止めるのです。もちろん，だからといっていじめてもよいというわけでは決してありません。自分の行動を「正義」と考え，被害者の欠点を直すという名目でいじめを繰り返す子どもがいます。そもそも，自分の欠点は棚に上げ，人の欠点をあげつらっていじめるという行為は許されません。「正義」の名のもとに，友達を使って自分の欠点から目を背けようとする「劣等コンプレックス」にほかなりません。

アドラー心理学は劣等感の心理学といわれることもあり，劣等性，劣等感，劣等コンプレックスはアドラー心理学を理解する上で重要な理論です。また，子どもや自分を理解する上でも大変役に立ちます。

人間は弱い生き物です。ですから，すべての人間が劣等性をもち，劣等感を感じています。特に，子どもは大人たちと自分を比べ強い劣等感をもっています。劣等感はそれを補償しようとする努力の源泉にもなり，多くの偉人たちが劣等感の補償により人生の成功を収めています。

しかし，その劣等感を建設的な方向ではなく，他の人を傷つけたり，自分に過剰なサービスをさせるために使ったり，それを理由に人生の挑戦をあきらめてしまったりすることがあります。それを，アドラーは「劣等コンプレックス」と呼びました。いわゆるいじめっ子は，自分の劣等性に向き合うことを恐れ，他者の劣等性にことさら注目し，それを直すなどという方便を使い，いじめを行う。非常に弱い，勇気をくじかれた子どもであることがわかります。だからこそ，いじめっ子にこそ勇気づけが必要なのです。

いじめっ子に共感？勇気づけ？と思われるかもしれません。しかし，いじめっ子が自分の劣等感に向き合い，それを乗り越えていくためには，それらがなくてはなりません。そうした上で「被害者を直す」という視点から「被害者とうまくやっていく」という視点へ切り替え，相手を変えるのではなく自分を変えるのだということに気づかせていくことが必要なのです。

# Case 35 同僚・後輩のクラスが荒れ始めたとき

得意な分野で自信を取り戻させる

## Case

　学級経営がうまくいかない，例えば学級をかき回す一人の子どもに他の子どもたちも巻き込まれ，授業が成立しないほどに荒れてしまったとき，担任は自分を責め，かき回す子どもを憎み，憎む自分をさらに責めます。うまくいかないことを，自分の能力がたりないからだと考え，同僚に知られたくないと考え，助けを求めることもできず，孤立していきます。そのような同僚がいたとしたら，どのように支えていけばよいでしょうか。

　「きっと，自分でなんとかしようと思っているのだろうし，横からいろいろ言ったら，かえって自信をなくすのではないか，そっと見守ろう……」

　このように考えて，関わらないケースが多いのではないでしょうか。

　どのように支えたらよいのかがわからないため，手が出せないでいるのです。休み時間にそのクラスの子どもがけんかなどをしていれば，仲裁に入ったり，話を聞いたりはするのですが，肝心の授業時間や給食の時間などの教室の中にはなかなか踏み込めないでいます。

　実際に，担任は「入ってきてほしくない」と思っているのではないでしょうか。そして，とことん立ち行かなくなったとき，あるいは保護者からのクレームなどで，どうしても介入の必要が出たとき，ようやく他の教師が関わるチャンスが出てくるのです。しかし，そこまでいってしまうと，担任も子どもたちもとても傷ついています。

　荒れ始めると，周囲の目は担任と同じようにうまくいっていないところに注目しがちです。周りの教師は，苦戦する担任が頑張っているところ，その

担任から学ぶところを積極的に担任に伝えるようにしましょう。

　担任が理科の授業に精通していれば，理科の授業について質問しましょう。また，その担任のよさを積極的に見つけ，本人や子どもたち，同僚，保護者などに伝えましょう。

　「○○先生は理科の実験のプロでしてね，この前の授業参観の授業は彼にアドバイスしてもらったんです」。このような感じでしょうか。

　もちろん，学級の荒れの責任が担任に全くないかといったら，そんなことはありません。しかし，間違いや指導のうまくない点の指摘は，担任の自信を支えた上で行わなければ，指摘を素直に受け入れられないかもしれません。

　また，全校の行事でその教師の得意そうな分野で活躍してもらいましょう。例えば放送機器の操作が得意であれば担当してもらい，その担任の活躍の場を用意するようにします。これはもちろん管理職の仕事ですが，管理職に相談してみることは可能でしょう。


## 【勇気づけの対応】
### 得意そうな分野の仕事を用意する


　一番勇気づけを必要としているのは，その学級の子どもたちです。そして，不適切な行動をとり，学級をかき回し，担任に勝つことで自分の所属感を満たしている子どもにこそ，最も勇気づけが必要です。

　その子どものことについて担任に聞くことは，担任を勇気づけ，その子どもを勇気づけるきっかけになります。「○○君ってどんな子なの」と聞けば，自分の学級経営についていろいろ言われるわけではないので，たくさん話してくれるでしょう。

　担任の見立てを聞かせてもらい，他の情報もあわせて，担任と一緒にその子どもの困り感をアセスメントしていきます。実態とその背景を考えるわけです。発達面での課題が考えられ，かき回す行動が，環境に対する過敏さからくるものであるとすれば，予定の変更をできるだけ避けたり，1日の見通

しを朝の会で念入りに説明したり，掲示物の整理など環境の調整を行ってい
くことができるでしょう。

　また，その子どもと担任が仲良くなるにはどうしたらよいかについて，担
任と一緒に考えていきます。例えば，放課後にその子どもとよい関係の教師
に声をかけてもらい，担任と三人で何かの作業を一緒にやってみてもよいか
もしれません。

　活躍の場を与えるとはりきってやってくれることがありますし，「○○君
のおかげで助かったよ，ありがとう」と担任から感謝の言葉を伝えることが
できます。

　もちろん，長い教師生活の中では，明日は我が身，自分が苦戦することだ
って十分に考えられます。同僚をいかに支えるかについて考えることは，自
分をどう支え，どう助けてもらうかについて考えることにもなるのです。